CDRF 中国发展研究基金会
China Development Research Foundation

农村土地制度改革与基层治理

中国发展研究基金会 编

LAND SYSTEM REFORM
AND LOCAL GOVERNANCE
IN RURAL CHINA

社会科学文献出版社
SOCIAL SCIENCES ACADEMIC PRESS (CHINA)

前 言

土地制度改革与基层治理是牵涉我国农业农村发展的重大现实问题和理论问题。做好土地制度改革和基层治理将为深化农业供给侧结构性改革、助力乡村振兴提供基础支撑。

中国发展研究基金会于2014年成立了"农村土地制度改革与基层治理"课题组。课题组邀请了内外部专家及研究者，从"三块地"改革、三权分置改革等角度入手，对土地制度改革的进展、经验、取得的成绩和遇到的挑战等方面展开了深入的调查研究，提出了相应的政策建议。课题组先后多次召开专家论证会，并于2016年末在贵州湄潭召开了"中国农村土地制度改革国际研讨会"。研究过程中，课题组先后在山东诸城市、安徽凤阳县、贵州湄潭县、河北大名县和石家庄市鹿泉区、内蒙古武川县开展了座谈会和实地调研，并采用大学生假期返乡调研的方式对土地确权"整省推进"省开展了问题调查，积累了较为丰富的案例资料。

此后，课题组相继完成了各专题的调研报告，包括《农地制度改革：聚焦确权颁证和土地流转》（冯文猛）、《农村土地承包经营权确权登记颁证执行情况调查评估》（秦婷婷、刘阳、俞建拖）、《土地确权登记颁证的国际比较经验》（王晓蓓）、《农村集体建设用地入市改革探索：试点进展与问题》（冯明亮）、《现代化视角下的农村土地三权分置改革》（俞建拖），还以《深化土地制度改革 促进城乡协同发展》（刘阳、秦婷婷）为题对上述国际研讨会进行了总结归纳。

  本课题研究的顺利完成，离不开众多专家和单位以及全体课题组成员的辛勤投入及大力支持。福特基金会、农业农村部农村合作经济经营管理总站对本课题提供了重要的经费支持。在各地调研过程中，上述地区的政府、企业和受访农户为课题研究提供了大力帮助，分享了珍贵的第一手经验。国务院发展研究中心信息中心主任崔昕、中国发展研究基金会副秘书长方晋与肖庆文对课题的研究设计给予了宝贵建议。国务院发展研究中心冯文猛、中央网信办政策法规局冯明亮不仅承担了专题报告的撰写，还在课题初期的组织和设计工作中付出了努力。兰德萨农村发展研究所的李平、王晓蓓、宋亦凡参加课题调研，并为专题报告的撰写贡献了力量。基金会秘书长助理、研究一部主任俞建拖作为课题协调人，多次参加课题讨论、承担报告撰写、带队深入地方调研，为课题顺利开展做了出色的工作。基金会的刘阳和秦婷婷圆满完成了课题研究任务，并承担了问卷调查研究、会议组织和统稿等工作。在课题调研和讨论中，中国发展研究基金会博士后张延龙、实习生徐吉鹏和郝文璇等也贡献了自己的力量。社会科学文献出版社编辑佟英磊等对本书的出版付出了辛苦的努力。

  值本书付梓之际，作为课题组组长，谨代表中国发展研究基金会，对课题组全体成员以及为课题顺利完成提供支持和帮助的单位和个人表示诚挚的感谢！

中国发展研究基金会副理事长、秘书长

卢迈

2018 年 11 月

目 录

农地制度改革：聚焦确权颁证和土地流转 …………… 001
  引　言 …………………………………………………… 002
  一　中国农地制度的展开和确权颁证 ………………… 006
  二　各地确权颁证的典型实践 ………………………… 014
  三　确权颁证试点情况的总结分析 …………………… 040
  四　政策建议 …………………………………………… 051

农村土地承包经营权确权登记颁证执行情况调查评估 ……… 055
  一　评估背景 …………………………………………… 055
  二　评估方法与研究思路 ……………………………… 057
  三　确权登记颁证政策的执行情况 …………………… 064
  四　农民对确权工作的认知及评价 …………………… 079
  五　确权登记颁证政策的效果 ………………………… 087
  六　小结与政策建议 …………………………………… 099

土地确权登记颁证的国际比较经验 ………………………… 103
  一　简介 ………………………………………………… 103
  二　土地确权登记的利弊 ……………………………… 104
  三　不同形式的土地登记制度 ………………………… 108
  四　正常运作的土地权利登记制的基础要素与基本原则 … 113

五　不同背景下进行的土地确权登记 ………………… 119
　　六　土地登记对农业和经济发展的影响 ……………… 130
　　七　结论 …………………………………………………… 132

农村集体建设用地入市改革探索：试点进展与问题 ………… 140
　　一　改革背景 ……………………………………………… 141
　　二　集体经营性建设用地入市改革 ……………………… 148
　　三　改革试点中的问题 …………………………………… 159
　　四　下一步推进集体经营性建设用地入市改革试点的建议 … 162

深化土地制度改革　促进城乡协同发展 ……………………… 164
　　一　农村"三块地"改革的背景和问题 ………………… 164
　　二　土地确权的国际经验和中国实践 …………………… 166
　　三　土地制度改革与城乡协同发展 ……………………… 170
　　四　政策建议 ……………………………………………… 172

现代化视角下的农村土地三权分置改革 ……………………… 174
　　一　引言 …………………………………………………… 174
　　二　农业和农村现代化与农村土地制度 ………………… 175
　　三　历史视角下的中国农村土地制度变迁 ……………… 178
　　四　制度视角下的农地三权分置 ………………………… 185
　　五　农地三权分置改革：认知与行为 …………………… 193
　　六　三权分置改革的外部条件 …………………………… 201
　　七　政策建议 ……………………………………………… 207

农地制度改革：
聚焦确权颁证和土地流转

本研究以农地制度改革实践为主题，重点围绕近些年农村耕地的确权颁证和土地流转的改革实践展开分析。

主要关注四方面的问题。一是各地确权颁证推进的具体模式和实践经验总结，基于多地实地调研资料总结出中国当前农地确权颁证的有效做法、面临的具体问题以及未来需要改进的内容。二是中国农村各地土地流转的基本情况，围绕确权颁证、土地流转以及农业经营方式转变中的相互作用机制，对近些年土地流转的进展情况、面临的问题以及未来的改进对策等做出综合分析。三是农村基层治理中的问题和应对，结合确权颁证碰到的具体问题，分析中国农村当前治理中面临的挑战。四是农村女性权益保护，以此轮农地承包经营权的确权颁证为具体切入口，分析当前中国农村女性在权益保障中的现状、面临的基本问题以及未来的改进建议。

在内容上，本文由五部分构成。第一部分为引言，从国民经济和社会发展的中长期视角对当前推进农地确权颁证的历史意义展开分析，提出本研究的理论价值和现实意义。第二部分在梳理1949年至今中国农地制度的演进历程基础上，分析当前农地制度面临的基本问题，确权颁证工作展开的背景、逻辑以及预期实现的目标。第三部分是确权颁证的地方典型实践，以实地调研为基础，分析不同区域在推进确权颁证中的具体模式、面临的问题及采取的解决对策。同时，这部分还结合确权颁证的具体进展，对近些年的土地流转以及农村女性权益保护状况展开分析。第四部分是对确权颁证的实践总结和问题分析，在第三部分分区域梳理典型实践的基础上，对我国当前推进农地确权颁证和土地流转工作的整体实践做出评述，同时以确权颁证为具体切入口对我国当前女性权益保障和农村治理中的有关问题进行剖析。第五部分为对策建议，在前述分析的基础上，提出未来一段时间内解决确权颁证以及相关问题的具体对策。

引　言

土地制度是中国的基本制度。中国的改革开放始于农村，农村的改革源于土地制度的变化。改革开放以来，中国的农村改革很大程度上可以看作沿着土地制度的演进在推进。

中国是一个有着悠久历史的农业大国。有史以来，农业始终在中国的国民经济和社会发展中占据着基础地位，农村人口也始终占据着中国人口的绝大部分。作为主要生产资料，土地在中国人的经济生产和社会生活中一直占据着基础性地位，土地制度也成为规制中国经济社会发展的基本国家制度。1949年之后，特别是改革开放以来，随着工业化、城镇化和现代化的推进，中国社会的生产和生活方式发生了巨大变化。无论是作为生产要素，还是作为规范农村基本生产关系和社会生活的基础，土地的作用都在发生变化。2011年，中国的城镇化率达到51.3%，这意味着从实际居住地来看，中国的城镇人口在历史上首次超过农村人口。目前，中国依然处在工业化和城镇化的快速发展时期，未来一段时间内中国的城镇化率还将提升，还会有越来越多的人离开农村到城镇定居。在这一趋势下，中国社会生产生活方式的变化仍将持续，从以农业、农村、农民为主的传统社会向以工业/服务业、城镇、市民为主的现代社会的转型将进一步加剧。

与此同时，20世纪80年代确立的以家庭联产承包责任制为基础、统分结合的土地制度，还面临一系列来自现实的挑战。首先，以家庭为单位的分散经营，在改革初期成功地调动了农民的生产积极性，但这一模式面临规模不经济的现实问题，成为制约农业劳动生产率继续提升的障碍。其次，在20世纪80年代开始至今的两轮土地调整中，中国大部分地区延续的仍是改革开放之初确立的以家庭为单位的土地承包经营权模式。在实践过程中，随着集体留存土地的逐步消减，很多地区在之后的调整中采用了"增人不增地、减人不减地"的做法。20世纪90年代进行的二轮承包，也大多是对20世纪80年代确立的家庭承包经营权的简单延续。而30多年中，原有家庭结构的变化对这一模式提出了现实挑战。一方面，一些农村人口通过考学、入伍等方式离开农村到城镇落户；另一方面，更主要的是大量农村人口作为剩余劳动力流向城镇，作为常住人口长期定居在城镇。这些变化要求原有的土地承包经营权在家庭之间做出调整。与此同时，作为一项基本生产资料，农民对于所承包的土地并未充分享有和使用其权益。在土地集体所有的前提下，承包权和经营权随人口的大量外流发生了分离。如何完善土地承包经营权，使农民最大限度地从所承包的土地中获益，是当前农村发展、农民增收、农业实现现代化需要解决的基础性问题。

在上述背景下，对中国既有的农村土地制度做出改革，成为一项事关农民增收和权益保障、农业现代化、农村经济社会关系调整、农村治理体系完善的基础性任务。也正是在这一背景下，十八届三中全会明确提出了推动农村"三块地"改革的具体目标。十八届三中全会做出的《中共中央关于全面深化改革若干重大问题的决定》（以下简称《决定》）中明确提出："坚持农村土地集体所有权，依法维护农民土地承包经营权，发展壮大集体经济。稳定农村土地承包关系并保持长久不变，在坚持和完善最严格的耕地保护制度前提下，赋予农民对承包地占有、使用、收益、流转及承包经营权抵押、担保权能，允许农民以承包经营权入股发展农业产业化经营。鼓励承包经营权在公开市场上向专业大户、家庭农场、农民合作社、农业企业流转，发展多种形式规模经营。"

在上述《决定》推动下，2014年，中国选择了四川、安徽、山东三个省作为试点，探索整省推进确权颁证的具体模式。2015年，农业部、财政部、国土资源部等六部门出台的《关于认真做好农村土地承包经营权确权登记颁证工作的意见》明确指出，开展农村土地承包经营权确权登记颁证工作，2015年继续扩大试点范围，在2014年进行3个整省和27个整县试点的基础上，再选择江苏、江西、湖北、湖南、甘肃、宁夏、吉林、贵州、河南9个省（区）开展整省试点，并要求各地按照中央精神，在稳步扩大试点基础上，自2014年开始用5年左右时间基本完成土地承包经营权确权登记颁证工作。2016年2月25日，全国农村经营管理暨土地承包经营权确权工作会议在武汉举行，进一步明确要按照中央部署，2016年再安排河北、山西等10个省份开展整省试点，试点由此达22个，约占全国总省份的2/3。在此基础上，根据2016年12月召开的中央农村工作会议安排，2017年"三权分置"的试点省份扩展至28个。

相关资料显示，"十二五"期间，农村产权制度创新得到了有序推进。承包地确权登记颁证试点范围稳步扩大，实测承包耕地面积近7亿亩，全国承包耕地流转面积达到4.43亿亩；农村集体产权制度改革逐步深入，全国已有4.7万个村和5.7万个组完成改革。[①] 根据农业部的统计数据，至2016年6月底，全国承包耕地流转面积达到4.6亿亩，超过承包耕地总面积的三成。

2015年10月，十八届五中全会通过的《中共中央关于制定国

---

① 数据来自新华社《我国新增承包地确权整省试点》，2016年2月26日。

民经济和社会发展第十三个五年时期规划的建议》，再次明确"稳定农村土地承包关系，完善土地所有权、承包权、经营权分置办法，依法推进土地经营权有序流转，构建培育新型农业经营主体的政策体系，培养新型职业农民，深化农村土地制度改革，完善农村集体产权权能"的要求。同时，在阐述如何推进以人为核心的新型城镇化时，提出"维护进城落户农民土地承包权、宅基地使用权、集体收益分配权，支持引导其依法自愿有偿转让上述权益"。

按照上述规划，"十三五"时期，农村经营管理工作的基本方向和主要任务是努力做到"三个适应、三个着力"：适应城乡发展一体化要求，着力完善农村产权制度；适应加快农业现代化要求，着力构建现代农业经营体系；适应全面建成小康社会要求，着力维护和发展农民经济权益。当前和今后一个时期内，农村经营管理的重点是抓紧抓好承包地确权登记颁证试点、加快构建现代农业经营体系、稳步推进农村集体产权制度改革三方面的工作。[1]

作为对农村基本生产关系的调整，农村土地承包经营权的确权工作既是一项技术性很强的工作，也是一项需要政治智慧的任务。在这一过程中，如何通过农民自身参与，避免出现新的矛盾，同时有效协商解决既有矛盾，是农村基层治理体系调整中的重要内容。同时，在确权过程中，如何保障女性权利不受侵害，使其平等享有土地发展的基本权益，也是一项值得深入探讨的重要议题。此外，如何通过土地承包经营权的确权颁证，有效推动农村土地流转、实现农业适度规模经营、提升农业劳动生产率，为农业的未来发展奠定基础，也是一个需要认真研究的基础性问题。

在上述背景下，我们展开了此项研究，在对国内外相关实践模式和有关研究进行梳理分析的基础上，在国内多地展开了实地调研。基于这些第一手资料，本研究对确权颁证、土地流转、农村治理、女性权益四个关键问题展开分析，在对既有实践进行总

---

[1] 新华社：《我国新增承包地确权整省试点》，2016年2月26日。

结的基础上，明确当前存在的主要问题，提出面向未来的改进建议。

一 中国农地制度的展开和确权颁证

(一) 1949 年至今中国农地制度的变迁

1949 年至今，中国共产党始终把土地问题放在事关国家稳定和发展的重要位置，土地制度也随国家经济社会的发展不断变化，经过 60 多年的发展，中国已经建立起一套以《宪法》《民法》《土地管理法》《物权法》等法律法规为核心的完整的土地法律体系，适合中国国情的现代土地管理框架体系基本形成，所确立的各项基本制度的实现形式也在实践中不断丰富、完善和创新。[1]

土地制度的核心是农村土地制度，而农村土地制度的核心则是农地土地制度。迄今为止，中国农地土地制度的发展，可以划分为四个阶段。

第一阶段，1949 年至 1958 年，基本的做法是通过土地制度改革，将土地的地主所有转为农民所有，即土地由过去的封建地主占有演变为新中国成立初期的私有私营。这个阶段的土地制度的绩效是非常明显的，通过土地制度改革，中国的农业生产实现了大幅度增长。[2] 这种制度绩效一直持续到 1956 年。

第二阶段，1958 年至改革开放前，土地从私有逐步变为集体所有。这一时期，随着人民公社制度的逐步确立，土地制度进入第二阶段，家庭所有、私人经营的土地制度逐步演变为集体所有、集体经营的土地制度。总的来看，这一时期制度演变的绩效是负面的。1978 年改革开放之初，与农业相关的各种人均生产能力都

---

[1] 刘守英：《直面中国土地问题》，中国发展出版社，2014。
[2] 例如，1949 年至 1952 年的短短三年，棉花产量增长了近 50%，粮食也保持了迅速增长的态势。

呈现下降态势，人均绝对数量也出现了减少。

第三阶段，20世纪80年代至2013年，家庭联产承包责任制的权利体系逐步形成和完善。改革开放以来，中国农地制度的演进进入第三阶段，总体确立了以家庭联产承包为基础、统分结合的土地制度。这种公有私营的基本态势一直持续到现在，有效地释放了农民生产的积极性，农业生产效率得到迅速提升。这种回归家庭经营的土地制度演变，对农业和农村发展起到了坚实的支撑作用。在这种模式之下，农村劳动力大量流动，土地经营权开始流转，农民收入也出现了快速增长。从2004年开始，农民收入连续11年维持了7%以上的增长速度，同时城乡收入差距也在2009年达到历史高点的1:3.33后转入下降轨道。

第四阶段，2014年至今，启动农地确权颁证试点并逐渐加速推进，土地权益进入深入发展完善期。

（二）中国当前农地制度的基本特征和面临的问题

中国的土地制度是国家的基本性制度。同大多数国家的土地私有不同，当前中国的土地是公有的，土地制度是公有制的最主要实现形式，而农村土地集体所有制和城市土地国有制是公有制的主要实现形式。因此，从改革的逻辑看，土地制度如何改革直接对公有制产生影响。在土地公有制被锁定的前提下，改革所探索的，主要是土地公有制的实现形式。同时，在改革的主线上，主要是在所有权和使用权分离上做努力。

土地制度结构可分为两个层次：第一层次是所有制，这是不能动的；第二层次是权利构成。当时的改革限定在第二层次，即通过所有权和使用权的分离，扩大使用权的权能，发挥产权的激励和稳定预期功能，调动土地使用者的积极性，提高土地利用效率，增加土地使用者的收入，发展农村生产，改善农民生活。

使用权又分为承包权和经营权。因此，中国的土地制度比大多数国家的土地制度更为复杂，是所有权、承包权和经营权三种权利的协调与完善。

家庭联产承包责任制实施 30 多年以来，也面临一些比较突出的问题。

首先，对土地的情况缺乏确切把握。土地承包制度实施了 30 多年，到现在实际的土地面积到底有多大，承包数量到底是多少，具体到每家每户，包括土地的位置、四至以及具体面积，并不是特别清楚。

迄今为止，中国的农村土地承包责任制已经进行了两轮，现在正在向第三轮迈进。第一轮从 1978 年开始到 1993 年，提出土地承包期保持在 15 年，1993 年开始进入第二轮，提出 30 年不变。从 1978 年开始分干到户，目前大部分地区的土地承包经营期限是到 2023 年。

人民公社制度解体后，土地在全国范围内的首轮家庭承包经营基本上是以家庭为单位，结合土地好坏、位置远近，实施平均分配。第二轮承包经营基本上延续第一轮的做法。当前，通常所说的土地承包经营面积，和现在所说的 18 亿亩耕地或第二轮国土调查的 20 亿亩耕地并不对应，而是针对首轮承包分田到户时，估算的 13.1 亿亩的数值。

第二轮承包后，部分地区颁发了承包经营权证，但规定的权益并不是非常明确。从土地本身的演变来讲，二轮承包延续一轮承包，而一轮承包所记录的数值，受税收制度和当时的测量工具等因素影响，包产到户的时候并没有准确量化，农地大多是依据人民公社时期的账目记载，被划分给了不同的农民家庭。

在这种情况下，无论是承包合同本身，还是合同上记载的数量或所规定的权利人和权利范围，都不严谨。对农村土地承包经营权中占有、使用、收益、处分等权利的界定都不是特别明确。

其次，当前土地制度面临的国内外环境均发生了一系列变化。从国内看，外部环境变化要求对土地承包经营权有一个更为清晰的界定。第一，工业化、城镇化的快速发展带来了土地流转需求的增加。随着工业化、城镇化的推进，大量人口从农村流向城镇，农村的土地流转日趋活跃。近些年的流转以每年 1~2 个百分点的速度增长，2014 年末已经达到 30% 左右，涉及 4.03 亿亩耕地。[①] 在流转过程中，极易发生合同纠纷。对流出方的土地面积以及准确的承包期限等，都需要有严格的界定。而当前，各地的承包权证种类繁多，且大多不是十分规范。第二，农业劳动生产率进一步提升的客观需要。近些年，农业的劳动生产效率，包括农业的进步程度和竞争力，相对于工业化、城镇化和信息化而言日渐式微。所谓"四化"同步，关键是农业现代化。

截至 2014 年末，我国农业生产率是美国的 1%、世界发达国家的 2%、世界平均水平的 64%。2014 年，农业劳动力创造的人均增加值是 2.9 万元，而同期工业劳动力创造的人均增加值超过 11 万元，第三产业劳动力创造的人均增加值超过 9 万元。因此，无论是和发达国家相比，还是和中国其他部门相比，我国的农业劳动生产率都存在巨大差距。

要补齐农业发展的短板，需要在生产力和生产关系两方面进行现代农业的体制机制创新。在生产力方面，需要加大科技含量，更加注重竞争力，更加注重可持续发展。在生产关系方面，特别是在土地制度方面，要推动农业的规模化经营。

规模化经营是当前和今后一个时期农业发展的基本方向。2014 年和 2015 年的一号文件关于现代农业的部分，均明确提出了生产技术先进、适度规模经营、市场竞争力强、生态环境可持续的目标。适度规模经营的展开，从外部看，需要结合劳动力的转移；从内部看，要使农业生产技术条件有所改善，同农业科技进步和家庭成员的劳动力构成相匹配。内外部相结合，才能实现适度规模经营。

在促使规模经济形成的过程中，也需要搞清土地的准确状况，

[①] 在这 30% 的流转中，大约 60% 是农户间的流转，20% 是农民将土地流转给合作社，10% 是流转给各种各样的工商企业，剩下 10% 是采取其他方式，如转让、租赁等。

明确转入方、转出方的相关权益。

最后,农村产权制度改革已成为当前和今后一段时间内农村改革的重要领域。当前和未来一段时间内,农村改革涉及的内容很多,其中产权制度改革已成为重点推进的领域。就重要性而言,土地制度改革应该被放在最为优先的位置。在农村,最为基础的是耕地产权,即农地承包经营权。深化农村产权制度改革,首先需要摸清承包经营权的家底,包括数量、规模以及方方面面的资产情况。

从上述问题出发,确权颁证的推进,不仅具有明确土地不同层次权属、完善相关权益的理论价值,也具有极为重要的推动农业现代经营体系建立的现实意义。

(三) 农地确权颁证的基本逻辑和整体推进情况

对于农地改革,现行的逻辑是维持集体所有权、强化农户使用权,即强化产权。所有权和使用权分离后把使用权做强,之后把所有权变为法律上的、名义上的所有权。因此,农地中的所有权和使用权分离,本质上是做强后者。

2007年,我国出台了《中华人民共和国物权法》,把农村土地承包经营权界定为用益物权。这一清晰界定,比债权更进了一步。从《物权法》颁布开始,一家一户的承包地到底是什么情况,从法律层面已经做出明确的要求。

2008年1号文件提出要强化农村土地承包规范管理,加快建立土地承包经营权登记制度。同年的十七届三中全会,在原有的土地承包经营权30年不变的基础上,进一步提出了保持农村土地承包关系长久不变。在这一背景下,更需要推进确权登记颁证工作,以解决数字不清、账实不符、关系不明等问题。

按照十七届三中全会精神,2009年中央提出稳步开展农村土地承包经营权登记,把地块面积、空间位置和权属证书落实到每家每户。2010年重申了上述工作的重要性,并要求扩大承包经营权登记试点范围,保证必要的工作经费。

在上述一系列政策推动下，我国从2009年开始推进确权颁证的试点工作。考虑到土地确权问题的重要性，在开始选择整省试点推进之前，从2009年到2014年，为确保风险可控，政府总体上采用稳妥方式推进，整个过程可划分为三个阶段：第一阶段，2009~2010年，选择8个省的8个村进行试点；第二阶段，2011~2012年，选择了50个县；第三阶段，从2013年开始，选择了105个县。

十八届三中全会之后，我国加快了确权颁证的实施工作。2014年11月，中办、国办印发的《关于引导农村土地经营权有序流转发展农业适度规模经营的意见》（以下简称《意见》）中，明确提出了用5年时间完成确权颁证工作。

《意见》对确权颁证提出了明确要求：妥善解决农户承包地块面积不准、四至不清等问题。在工作中，各地要保持承包关系稳定，以现有承包台账、合同、证书为依据确认承包地归属；坚持依法规范操作，严格执行政策，按照规定内容和程序开展工作；充分调动农民群众积极性，依靠村民民主协商，自主解决矛盾纠纷；从实际出发，以农村集体土地所有权确权为基础，以第二次全国土地调查成果为依据，采用符合标准规范、农民群众认可的技术方法；坚持分级负责，强化县乡两级的责任，建立健全党委和政府统一领导、部门密切协作、群众广泛参与的工作机制；科学制订工作方案，明确时间表和路线图，确保工作质量。有关部门要加强调查研究，有针对性地提出可操作性政策建议和具体工作指导意见。土地承包经营权确权登记颁证工作经费纳入地方财政预算，中央财政给予补助。[①]

上述要求分解到实际工作中，就是要按照保持稳定、依法规范、民主协商、因地制宜的原则，采取中央统一部署、地方负全

---

① 《关于引导农村土地经营权有序流转发展农业适度规模经营的意见》，2014年11月20日。

责的稳妥推进的方式进行。通过确权颁证，解决四至不清、面积不准、空间位置不明以及承包经营权的设立、转让、互换、变更、抵押登记制度不建全等问题。确认农户对承包经营权的占有、使用、收益权，并通过确权登记颁证建立健全土地承包经营权的信息化平台，强化管理。由于涉及账面、实际状况、空间位置，确权登记要清晰，登记的内容和实际的情况要吻合。在这个过程中，赋予农民明确的权利，即明确经营权可设立、转让、互换、变更、抵押，并确认农户对承包经营权的占有、使用权利。此外，集体有收回土地承包的权力，即处置权。

开展农村土地承包经营权确权登记颁证，核心是确权，重点是登记，关键是权属的调查。在农业部确定的相关重点中，农村土地承包经营权确权颁证的具体工作包括七个方面。

第一，开展农村土地承包档案资料的清查。

第二，档案清理出来后，要对每一块地进行权属调查，确认所属，并需要所属承包人签字确认。确认后，完善相关资料。在这个过程中，承包合同丢了的要进行补签，并要明确合同内容，目前是第二轮承包，时间上要求30年不变。

第三，建立合同。

第四，建立健全登记簿，包括权属调查、查清位置。这需要采用符合标准规范、群众认可的技术方法，查清农户承包地块的面积、四至、空间位置，制作承包地块分布图。一般是通过专业测绘地理信息企业以航拍[①]形式完成。[②]

第五，颁发农村土地承包经营权证书。根据完善的承包合同、健全的承包登记簿，并在保证信息准确无误、责任明确的基础上，按程序修订办法，向承包方发放新的承包经营权证书。

---

① 相比而言，卫星照片的精确度没有航拍好，航拍的精确度更高，卫星的精确度较差，在平原地区，精确度稍高一些，在丘陵山区尤其不好评估。
② 根据相关估算，目前我国农村有20万亩耕地，按照每亩确权需20~30元计算，土地测绘市场容量达到400亿~600亿元。

第六，推进信息经营平台建设。现在每一个省、每一个县、每一个乡的做法都没有统一标准，也没有统一要求。资源在什么情况下能共享，在什么情况下不能共享，这些问题还没有统一答案。当前，各省以县为单位的信息是清楚的，县与县之间的平台还在建设之中。

第七，建立档案。这件事情意义重大。承包经营权确权登记颁证的过程档案，包括文字档案、音频档案、会议档案。各类档案需要设置不同的保存期，有的档案是长期保存，包括形成的文字、图表、声像、术语，以及进行收集、整理、鉴定、保管的过程。

简而言之，从开始统计到最后结束，第一步做原始勘测，缺什么补什么。农户确认完以后，第二步是实际丈量，通过卫星、飞机航拍，和原始登记资料进行对比，按照新的数据补齐，进行确权登记颁证。很多地方要让农户签两次字，第一次是原始的，家家户户要确定这块地是自己的，先签字确认。第二次是进行实际丈量或通过卫星、航拍得到的新数据要进行公示，农户认可以后再签字确认。这两个关键环节结束以后，地多了的怎么办，嫁出去的怎么办，这些是政策性问题，仍需要加以讨论解决。对于上述所提的技术环节，如果大家认同，加以张榜公示，由政府部门监督、档案部门跟进，最后发放承包经营权证书。

土地承包权完成确权颁证后，下一步就是经营权的确权，并开展流转。土地经营权的有序流转将会成为现代农业发展的重要抓手。流转是手段，其目的是形成农业的适度规模经营。

在上述原则指导下，中国迅速推进了农地的确权颁证。2014年，农业部选择四川、安徽、山东三个省开始整省推进试点。2015年，在既有三个省基础上，试点扩大到12个省份，增加了吉林、宁夏、甘肃、河南、湖北、湖南、贵州、江苏、江西。2016年，农业部再安排河北、山西等10个省份开展整省推进试点，试点由此达到22个省，约占全国总省份的2/3。2017年，农业部继续加快推进承包地确权登记颁证,再选择北京等 6 个省份整省推进试点,将试点省份扩大到 28 个。

二 各地确权颁证的典型实践

为对全国推进确权颁证试点工作的具体情况形成整体性把握,课题组基于经济发展水平、地理位置以及开展确权颁证试点工作的具体时间,在全国分别选择了河北、安徽和贵州三个省的一个试点县(区),围绕土地确权颁证的实际情况做了实地调研。在分析比较三省试点县确权颁证具体推进模式的基础上,总结能推动全国确权颁证的典型实践。

(一)东部地区的农业大省——河北的案例

在东部省份中,河北经济发展水平并不靠前,但其作为一个典型的农业大省,其承包地的确权颁证在一定程度上能够代表东部省份的具体做法。在试点推进中,河北省虽在 2016 年才被确定为整省推进的地区,但其在此之前已经开展了承包地确权颁证的具体工作。

1. 整省推进情况

2015 年 7 月调查时,据河北省政府有关部门介绍,河北虽然没有被列入全国正式推进的试点省,但推进力度还是比较大的。2011 年,河北省的鹿泉市被农业部等 6 个部门确定为农村土地承包经营权确权颁证的全国试点之一,这开启了河北省针对承包地的确权颁证试点工作。试点工作于 2012 年完成。2013 年,河北省又有一个县被作为全国第二批承包地确权颁证的试点之一,开展了整县试点。在这两个试点县基础上,河北省从 2014 年开始加大力度,加快推进农村土地承包经营权确权颁证的工作步伐。该年 9 月 30 日,河北省委、省政府召开了全省农村土地承包经营权确权颁证工作电视电话会议,对确权颁证工作做了部署。同时,省委办公厅、省政府办公厅印发了关于确权颁证工作的意见,提出的目标为：2014年完成全省二调面积的10%，2015年完成50%，2016年完成40%。

自2014年完成10%这一目标确立之后，为推进确权颁证工作的迅速开展，河北省采取了以下三项措施。一是强化责任落实，制订试点方案。省、市、县都层层制订了试点方案，各个层级也分别成立了领导小组。二是落实工作经费。在财政并不宽松的情况下，省财政在2014年按照每亩10元的补贴标准，给试点地区拨付了1亿元资金，为试点推进提供了基本保障。同时，各市县也按照省政府要求，根据自身状况拨付专项经费进行补贴，标准一般为市5元、县5元。三是严格把握政策界限。据河北省有关机构介绍，承包地确权颁证工作"政策性很强，而且比较敏感"，是一项"涉及农民饭碗和切身利益的大问题，不能有丝毫差错。做得不好，农民就要上访，就要闹"。因此，不管是党委政府还是各职能部门，在确权颁证的实际工作中都面临很大的责任和风险。风险主要源于河北和全国的情况并不相同。在承包地进行二轮延包时，河北的基本做法是直接顺延。这是因为第一轮承包15年到期后，一些人地矛盾就已暴露出来，且比较突出。顺延的做法，在进行二轮承包时避免了一些矛盾，比较顺利地完成了二轮延包，但也给以后出现更大的人地矛盾埋下了隐患。在这一背景下，河北长期以来的人地矛盾都比较突出，土地方面的纠纷也比较多。因此，在推进此次确权颁证登记时，农民看到国家要把这个事情做实，将来是永久的所有权、使用权、经营权，对这个事情更为关注。为避免造成诸多矛盾纠纷，在此次推进确权颁证试点工作中，河北采取了对农民都认可的耕地进行确权颁证，对有纠纷、有问题的耕地先放一放，解决以后再进行确权颁证登记的做法。这一做法，成为河北推动此次确权颁证工作的总体思路。

调研发现，在河北的确权登记中还存在一些技术性问题，最突出的是实测面积和原登记面积不符。这是因为，经过多年承包经营后，农村地区很多承包地的实际边界已经越来越模糊，一些农民也在一点一点地往外扩充所耕种的土地，侵占了过去的一些集体公共用地，比如排水沟渠，甚至是道路。由于此次确权颁证要求对所耕种的土地进行实测，就出现了一些实际测量面积比原承包合同面积大的情况，且这一情况还相当普遍。针对包含上述问题在内的一系列技术问题，河北省农业厅等部门专门编印了一些材料，进行宣传和培训，并对确权颁证中常见的二三十个问题进行了解答。其中，河北省直接组织培训人员800多人。在上述工作之外，河北省还对督导方式做了创新，联合包括环保在内的多个部门，由主要厅局一把手带队，不仅对确权颁证，而且对农业生产、地下水超采等一些大问题合并进行统筹督导。

尽管做了不少工作，河北省在工作进度上还是存在比较大的问题。截至2015年7月调研时，全省2014年明确的10%的任务即将完成，2015年度计划的50%的任务也正在安排部署。但与此同时，在2014年确定的10%当中，也存在刚刚完成了一半的地区，各地之间进展很不平衡。就总体进度而言，河北省的确权颁证工作推进比较缓慢。

两方面的原因导致河北省确权颁证工作推进受阻。一是具体操作时间带来的限制。自2014年开始，河北全省推进承包地的确权颁证工作，但直到11月才做了具体部署，由于开始时间较晚，很多地区在2014年内无法完成当年既定任务，只能拖到2015年。同时，2014年也是河北省第十届村委会换届选举的时期。选举从11月开始，一直持续到2015年6月，这一时间恰好与承包地确权颁证工作的推进时间重合。由于承包地的实际推动需要由村委会成员来做，没有这些人的参与，具体负责的测绘公司根本不知道土地的归属，无法进行实际测量。同时，调查测绘中出现的各种问题和纠纷，也需要由村干部解决。因此，这一时期村委会的换届选举，对确权颁证的具体推进产生了较大影响。事实上，确权颁证工作进度的加快，正是从河北省农村换届完成后的2015年5~6月才开始的。基层新班子正式就任后才有了全方位的推动,这是导致河北省确权颁证工作推进缓慢的一个重要原因。二是河北省农业农经队伍弱化的趋势比较明显。在一个县里面,农经队伍只有三四个人,条件差的县仅有一两个人,而很多县的农村人口有上百万,耕地面积达七八十万亩。虽然农业局是确权颁证工作的主管部门,但由于其具体分管很多事情,负责确权颁证具体工作的依然是农经站。因此,农经站人手不足,大大延缓了确权颁证工作的实际进展。在县以下的乡镇,农经系统人手不足的问题更为突出。调研发现,农经系统人手不足导致此次确权颁证推进受阻或执行打折扣的情况,已成为全国不少地区存在的共性问题。

与此同时,对于确权颁证工作,基层的一些干部群众还有一些认识上的误区,对于这项工作没有那么认可,也是导致此次确权颁证进展缓慢的原因。一些人觉得确权颁证就是重新办一次证,但无论是否重新办证,地都是照样种,同时还有当初的合同作为保障,因此必要性不大。此次确权颁证,平均每亩地所需费用,平原地区合计20~30元,山区丘陵地区合计50~70元,除上级政府的财政补贴外,村里也要搭一部分钱,此外还要搭些人力,这些导致村里没有太多积极性做这件事情。这种认识,导致一些基层工作人员积极性不高,萌生了等待观望和畏难情绪。这一现象的存在,阻碍了确权颁证的实际推进。

2. 确权颁证的"鹿泉模式"

(1) 鹿泉区概况

鹿泉区位于石家庄西部,从石家庄火车站到鹿泉区政府所在地约半小时车程。2014年鹿泉撤市建区,定位为"省会西花园",经济发展模式从县域模式向城市模式转型。鹿泉的经济支柱曾经可以概括为"一黑一白":所谓"黑",指的是石头、矿山等建筑业材料;所谓"白",指的是乳品业。2014年,鹿泉全区生产总值为341.4亿元,比2013年增长8.6%,城乡居民人均可支配收入分别达到24950元和13933元。

在农业生产上,鹿泉区属于典型的半山区农业生产模式。全区 603 平方公里，山区、丘陵、平原各占 1/3。耕地面积 33.9 万亩，其中家庭承包地面积 28 万亩，农民人均耕地不到 1 亩。根据地理和气候条件，当地主要种植小麦和玉米，此外山坡地还分布有少量石榴、枣、核桃、葡萄等经济作物。

和其他内陆省份相似，鹿泉农村劳动力进行了家庭内部分工，青壮年主要在石家庄以及鹿泉本地的企业打工，各家的耕地主要由家里的老人耕种，打工收入成为鹿泉农户的主要经济来源。

需要指出的是，土地流转在鹿泉并不普遍。就整个河北省而言，到 2014 年底，流转土地面积占 22.6%，明显低于全国平均水平。而调查所涉及的黄岩村 298 户村民中，只有 26 户进行了土地互换，几乎没有发生土地流转。调研发现，三方面的原因导致当地土地流转较少。一是地理区位限制。鹿泉属于半山区，耕地分布较为松散，机械化作业成本很高，规模经营也不会带来成本的明显下降。二是农户家庭耕地面积有限，主要劳动力多数就近兼业，完全有能力耕种土地。三是当地土地流转的价格较高。当地土地流转价格平均为每亩 1200~1500 元，且种粮补贴归土地流出的农户所有，除非种植收益很高的经济作物，否则规模经营后的收益将极其有限。

近些年，村庄人口双向变动在鹿泉地区比较明显。为了让子女获得更高质量的教育，很多农户近些年开始向乡镇迁移居住。以黄岩村为例，全村 298 户中大约 130 户长期在城镇居住。在鹿泉，空心村问题和村庄治理已成为当地政府议事日程中的重要内容。此外，近年来鹿泉区户口迁出村民的回迁现象也值得关注。由于中央农村政策调整，农业户口的含金量和吸引力不断加大，一些原本把户口迁入城镇的居民正在想办法把户口迁回农村。以1600 多人的东郭庄为例，近几年户籍人口增长 200 余人，其中除少量新生人口外，绝大部分是原村民的回迁，甚至可摆脱农村户籍的大学生，也有很多选择不迁移户口。

此外，农村自治组织能力不足的问题在当地也比较突出。调研发现，近些年鹿泉区村庄集体经济的萎缩导致村民自治组织工作无力。比如鹿泉的各个村庄普遍都有5%左右的机动地，这些机动地在一轮承包或者二轮延包时，以非常低的价格交由农户耕种，经过多年的生产经营和人员变更，目前很少有村委会有能力实际控制这些机动地。同时，很多村庄集体所有的承包山林到期后，村委会难以收回的现象也较为普遍。

（2）鹿泉确权登记试点推进基本情况

早在2010年，鹿泉的黄岩村就被确认为全国土地承包经营权确权登记的试点村。2011年6月，黄岩村完成确权登记工作，并创造了确权登记颁证的"图解工作法"（以下简称"图解法"）。此后，"图解法"逐步被拓展至鹿泉14个村的3.38万亩承包地的确权工作中。

整体上，鹿泉区的确权登记工作进度要求与河北省整体安排基本一致：2014年完成全部承包耕地面积的10%，2015年完成全区60%的确权登记工作，2016年完成剩余的确权登记工作。但在实际执行中，由于确权工作与河北省村委会换届选举工作时间重合，到调查时点的2015年7月，2014年10%的任务接近完成，2015年的工作仍在部署中。

鹿泉区开展的确权颁证工作有着比较健全的操作规范。2014年鹿泉区委、区政府根据河北省相关规范性文件，结合鹿泉情况下发了关于全面开展农村土地确权登记工作的实施意见；2015年，主要负责该项目实施的农牧局出台了相关实施方案，并将确权工作内容细化为"工作流程时间节点明白纸"，[①] 发放到户，大大增加了工作的可执行性，为确权工作的开展奠定了基础。

在工作推进中，鹿泉对推动农民参与给予充分注意。村级"诸葛亮会"就是这样一个将确权政策转化为乡村具体行动、吸收农民民主参与的平台。"诸葛亮会"由村干部、村民小组长以及

---

① 实际上，"明白纸"指通过简单通俗的语言把要做的事情的主要情况告知给农民。

1998年参加二轮延包的人员组成，会议负责研究制订本村确权工作的具体实施办法，并对如何解决历史遗留问题提出方案。

确权颁证的工作经费支出，主要包括每亩15元的航拍费用、每人每天100元的人工成本以及办公费用，整体成本预计为每亩25元。在课题组调查时，鹿泉已经投入航拍专项经费170万元，其他累计投入211万元，比较顺利地保障了确权工作的推进。在资金构成上，鹿泉的确权资金包括国家补助10元/亩、省级补助10元/亩、市县级配套5元/亩。但就全省情况看，由于部分市县资金到位不足，河北省确权工作预计所需的4.9亿元资金在调研时仅到位3亿元，平均每亩地确权成本缺口为10~20元。

(3) 确权登记"鹿泉模式"

"图解法"是鹿泉土地承包经营权确权登记工作的核心。所谓"图解法"，即确权登记沿用1998年二轮延包时完成的登记档案，不进行实际丈量，而是通过现代化技术手段，补充完善地块位置、四至等信息，农户享有的承包权利不变。换句话讲，鹿泉进行确权仅仅是明确了第二轮土地承包时的面积，此次实测面积，只是作为一个备注，在颁发的证书上做了标注。

"图解法"的具体操作方式是，以国土部门出具的二调影像图为基础（后期改为航拍地图），带图进入田间地头，按照1998年二轮延包合同的分地顺序，请相关农户到现场逐一指认地界。指认工作完成后，所绘图纸由农经站与技术合作单位处理后形成"鱼鳞图"并加以公示。之后将确权的土地地块相对位置信息以加页的形式，粘贴到二轮承包时颁发的土地承包经营权证书上。

在"图解法"的实施过程中，需要明确的细节包括以下四个方面。

第一，早期试点村确权颁证所使用的图像信息来源是国土部门的二调影像图，而不是航拍实况图（后期由于操作规程要求精度较高，当地也组织了航拍，平均每亩15元，全区共花费约70万元）。

第二，鱼鳞图绘制过程只确定地块的空间位置，不进行实地丈量，即确权过程没有实际测量目前地块的长宽四至，而仅仅是沿用了二轮承包合同中的面积，并将二轮延包的地块空间位置落实在了地图的相应位置。

第三，此轮确权颁证并没有颁发新证书，只是在二轮承包证书上加页，显示鱼鳞空间位置图。

第四，此次确权没有更改二轮承包合同的人员及土地变动信息。也就是说，本轮确权对象仅仅是二轮承包合同中明确的承包土地，即使二轮延包的土地由于多年来土地增减灭失、家庭成员变动、土地征用转用而与实际面积有所不同，也不会在确权文件中标识出来，其引发的土地实际使用与归属问题全部搁置不做处理。

鹿泉之所以创制出"图解法"并在全县范围内推行，是基于以下几方面的考虑。

第一，土地分配历史遗留问题的复杂性。

在河北省进行二轮土地承包合同签订时，鹿泉70%的合同是完全依照一轮合同顺延的，只有30%是重新按照人口加以分配。鹿泉在土地第一轮承包和第二轮延包过程中就遗留了诸如承包合同很不规范等问题，再加上自然状况和人口情况的变动，土地标志物灭失，村情十分复杂。

第二，征地引发的确权难题。

由于鹿泉属于石家庄近郊，近年来土地征用量很大，很多村庄有地的农户已经很少。仅有的土地是确权给目前的承包经营农户，还是在全村范围内重新分配，很难决定。部分村庄因为分歧较大，确权工作难以推进。

需要强调的是，河北并非所有的确权试点村庄都实行"图解法"的确权不确地模式。根据省政府相关机构的介绍，在河北至少还存在实测法、航测法、组合法等多种确权方法。比如，衡水市的枣强县采取的是更为彻底的确权确地模式，而衡水的冀州区和石家庄的赵州市采取的是与鹿泉类似的确权不确地模式。在具体工作推进中，河北的试点区域呈现多样性的特征。

（二）中部地区的典型农业省份——安徽的案例

2014年3月，安徽省全面启动农村土地承包经营权登记颁证工作。位于安徽的凤阳县，作为全省确定的试点县，在更早的时间就开始了承包地的确权颁证工作。

1. 凤阳县农村土地承包经营权登记颁证基本情况

自2013年4月开始，凤阳县就被安徽省列为全省20个试点县之一，同年10月召开工作会之后，凤阳县在全县的15个乡镇和1个园区全面开展了确权颁证的试点，对具体工作模式不断进行探索和创新。2014年6月23日，中国妇女报围绕土地确权中女性权益的保护路径，就凤阳的具体做法做了报道，肯定了凤阳模式。

凤阳县国土二调的面积是162万亩，此次确权颁证的实测面积为154万亩，其中承包地的面积为104万亩。也就是说，此次确权颁证，需要完成104万亩承包地的确权颁证。2016年1月调研时，凤阳县的农村土地确权颁证工作基本上完成了农户签字确认和登记簿的建立，进入证书打印阶段。同时完成归户表签字和登记簿建立的农户达12万户，占总户数的87.3%。[①] 其中，小岗村868户农村土地承包经营权证书的打印发放工作已经完成。作为中标单位，蚌埠市勘察设计研究院、中山市智慧测量公司、安徽省地质测绘院、安徽省煤炭地质局物探测量队和北京苍穹数码测绘有限公司五家测绘公司，购置了农村土地测绘管理软件，已经打印证书5352本。2015年7月8日，全省农村土地承包经营权确权登记首批颁证启动仪式在凤阳县小岗村举行，并向小岗村村民颁发了农村土地承包经营权证。

2. 确权颁证工作开展概况

调研发现，凤阳县在推进农地承包经营权确权颁证工作中，

[①] 按照安徽省的指标，完成85%的确权颁证率即算完成确权颁证工作，因此，从这个角度判断，到调研时凤阳县已经完成了确权颁证工作。

在以下几方面做了努力。

一是建立了组织架构和工作体系。这方面的工作包含以下四方面内容。首先,确认领导架构。凤阳县成立了由县委书记任第一组长,县长任组长,县人大、政府、政协分管和联系领导任副组长的组织架构。领导小组之下设办公室,具体负责试点日常工作的开展。其次,搭建了工作平台。县委组织部从有关部门抽调了5名业务骨干,搭建了综合协调组、业务指导组、政策解答与纠纷调助组、督查督办组等工作平台,以做到人员、设备、制度、机制的"四到位",职责、流程、图表、资料的"四明确"。再次,建立工作体系。在工作开展中,凤阳县组织了280名乡镇干部和7929名村组干部投入确权登记颁证工作中。在工作体系上,构建了县、镇、村、组四级网络。最后,进行力量整合。在推进农村土地承包经营权确权颁证中,结合其他工作安排,凤阳县探索性地整合了农村土地承包经营权、农村宅基地土地所有权以及小型水利工程确权登记颁证三项工作,实现了"三办合一",以达到资源共享、统筹推进。

二是制订工作方案,推进工作部署。为完成全县104万亩农村土地承包登记的确权颁证工作,凤阳县在调查研究基础上,制订了《凤阳县农村土地承包经营权确权登记试点工作实施方案》,将土地确权工作分为五个阶段和十八个步骤。这五个阶段为:准备阶段、实施阶段、颁证阶段、归档阶段、验收阶段。十八个步骤为:成立组织、制订方案、宣传动员、培训人员、调查摸底、农户申请、制作调查工作底图、现场指界、问题修补、制作宗地图、农户确认、结果公示、结果审查、建立登记簿、登记发证、建立数据库、资料归档、成果验收。上述工作阶段和具体步骤的制定,使凤阳县做到了"阶段工作有内容,时间安排有节点,工作推进有目标"。

三是广泛宣传和业务培训结合进行。在宣传方面,凤阳县实施了"五宣传,一报送"方式,即电视宣传、网络宣传、广播宣传、社会宣传、对外宣传和信息报送。在工作开展中，落实责任分解，利用网络、板报、广播电视、宣传条幅、召开座谈会等形式，进行广泛宣传。在具体形式上，县电视台开辟了专栏，县政府门户网开办了专题，通过报道访谈等形式，反映工作进程、发布信息动态、推广先进经验。通过上述努力，在工作中，做到了广播有声音、电视有图像、网络有文字。为确保宣传切实进入每个农户家中，凤阳县组织编印了1万册政策解答手册，发放到了村组，同时印制宣传条幅300多条，召开县、乡、村座谈会185次，发放了18万份《致广大农民朋友的一封信》，以做到"家家有一张明白纸，户户有一个明白人"。

在培训方面，凤阳县分层次组织开展了土地确权的工作培训。首先，对各乡镇主要领导、分管领导以及包括农村社区在内的各行政村的党组织书记、主任和业务骨干，组织开展了两次集中培训，培训人员800多人次。其次，对村组干部和村民议事会成员培训，培训人员8000多人次。最后，对乡镇业务人员进行专题培训，培养中坚力量，培训人员200多人次。

四是进行选点突破和工作示范。在工作推进中，凤阳县避免了"一刀切"的做法，采用了因地制宜、分类推进的方式，将全县15个乡镇和县工业园区分成五个标段同时进行。在每个标段，选择一个乡镇作为示范乡镇；在每个乡镇，选择一个村作为示范村。通过分层次示范点的确定，凤阳县旨在实现示范先行、引导推进。在示范村工作中，完成测绘后，讨论存在的问题、取得的经验、需要固定的程序，并在此基础上召开座谈会，提出完善工作的具体办法。在试点和示范工作的不断摸索中，凤阳县总结提出了"五先五再"工作法，即以村民组为单位，先联系再测绘，先指界再标记，先四至再见纸，先确认再签字，先汇总再公示。在不断摸查的基础上，凤阳县选择了纵谷镇马庙村作为样板村，对确权工作的开展实施定点、定期、定向、定题总结，以全程跟踪、全面分析。通过这种从示范点出发的工作方法，凤阳县比较成功地实现了"从点上扩展至面上,从点上启发面上,从点上引导面上"的预期效果。

五是在操作规范程序上下功夫,提高工作的透明度。具体内容包括四方面的努力。第一,规范表格填制,做到信息准确。为规范资料收集、表格填写和信息公开,凤阳县因地制宜地制定了"六个一"工作方法,即一边申请一边填表,一边审核一边汇总,一边公示一边拍照。在工作中,全县农户申请表、调查表填写率和公示率均达到98%以上。第二,公开作业招标,做到市场化运作。在此次确权颁证工作开展中,测绘等具体工作,均由有资质的专业化公司具体负责。2014年5月11日,凤阳县经过公开竞标,确定北京苍穹数码测绘有限公司等五家单位中标,中标价最高每亩12.5元,最低每亩10元,平均每亩11.54元,比预计低了4.46元,合计节约资金700多万元。第三,敞开大门办事,做到群众知晓满意。通过前述的全方位宣传,凤阳县农民对土地确权颁证的知晓度、关注度以及期望度均大大提升,农民纷纷到乡政府和县政府相关机构咨询土地确权的有关政策。截至调查时,仅凤阳县确权办就接待了3000多前往咨询的农民。第四,依法依规处理矛盾纠纷,确保确权工作顺利推进。针对确权中暴露出来的矛盾纠纷,凤阳县主动采取了应对措施,在县政府成立了立案厅、仲裁庭、监督庭等机构,统一受理土地确权工作中的矛盾纠纷,同时下派了四个矛盾调解工作组,分片包干,分赴乡镇开展工作指导。截至调查时,全县处理确权颁证相关的矛盾纠纷2045起,涉及土地面积1.5万亩。其中,已实现成功调解的为1585起,占总数的77.5%,完成仲裁的为25起,占1.2%。

六是在确权路径中注重妇女权益的保护。考虑到农村土地确权中妇女极易成为弱势群体这一现实状况,为解决妇女有家无地、离家失地等现实问题,凤阳县明确了县、乡、村三级维权模式,从两方面使确权和保护妇女权益相结合,即在土地确权中做好妇女维权,同时在妇女维权中做实土地确权。在具体工作开展中,确立了以家庭协商为基础,至少确保已婚妇女能在一方落实自己土地权益的具体做法。这些措施显著地调动了妇女参与土地确权的积极性,有效化解了一些家庭及社会矛盾纠纷,增进了家庭和谐、社会稳定。对于凤阳县的做法,安徽省给予高度评价,并在全省推广。

七是完善配套保障,助推工作开展。为配合确权颁证工作的顺利展开,除上述措施外,凤阳县还摸索出台了一系列行之有效的配套办法。其中成效最为显著的是监督、资金和督办等方面的工作。首先,县纪检监察部门全程参与工作推进,制定了农村土地确权颁证工作纪律,严格执行"三个不改变"和"六个严禁"。三个不改变为:不改变二轮土地承包关系、不改变承包户承包地块、不改变二轮土地承包合同的起止年限。六个严禁为:一是严禁打乱农村土地承包关系;二是严禁借机调整农户承包地;三是严禁将确权登记实际测量中多出的土地收归村民小组或村集体经济组织;四是严禁强行推动;五是严禁暗箱操作或采用欺骗手段将村和集体组织的土地登记在个人头上;六是严禁借机增加农民负担。通过"三个不改变"和"六个严禁",杜绝了确权工作中玩忽职守、违规操作和工作延误现象的发生。其次是基金支持到位。县财政安排专项资金2660万元,确保工作资金到位,从根本上杜绝了因确权颁证增加农民负担现象的发生。最后是督查督办给力。凤阳县将农村土地承包经营权确权颁证和乡村建设相结合,组织专门工作组到农村进行督查。2015年12月23日到24日,凤阳县组织县委督查室、县政府督办室等机构分成两个督查组,对全县所有乡镇和开发区进行了督查,重点审核了各乡镇土地确权资料、公示资料、归户表、农户签字确认资料、资料整理归档和证书打印情况等。

3. 确权颁证工作中存在的主要问题

上述一系列政策措施的颁布,极大地推动了凤阳县确权颁证工作的进程。但与此同时,凤阳县在推进确权颁证工作中也发现了一些问题，突出表现在以下三个方面。

一是农户之间的纠纷多。据凤阳县相关机构的负责人介绍，这一问题对于凤阳而言是个"老问题"。凤阳县于1997年实施了第二轮土地承包。自此以来，伴随着大规模的人口外流，农户之间土地流转、代耕、互换等现象相对频繁，而这些现象往往随意性大且缺乏严格的档案记录，造成承包耕地地块存在不同程度的矛盾纠纷，产生了很多不确定因素，给此次的确权颁证工作带来了困难。

二是群众集中难。此次确权颁证的诸多环节，均需要农户确认签字，但不少人长期在外务工，为这项工作的开展带来了不少障碍。事实上，在调查摸底表、农户申请表填写以及测绘工作中，就由于部分农户户主外出打工，有的甚至举家外出，不能按照规定时间回来，影响了整个工作的开展。

三是部分村组干部对操作流程不熟悉，影响了工作。确权颁证是一项相对复杂细致的工作，虽然进行了培训，但不少村组的干部受自身文化水平、对此事重要性的认知程度以及其他诸多因素的限制，在推进工作中依然不能很好地落实。部分村组干部对操作流程不熟悉或者存在认知偏差，影响了确权颁证整个工作的推进。

针对上述问题，凤阳县在工作规划中做了四个方面的应对。一是做好农村土地矛盾纠纷处理工作，深入乡镇实地指导土地承包纠纷处理，力争把矛盾化解在基层。二是继续做好测绘公司协调工作，凤阳县农村土地确权登记、公示、签字等基本结束，各乡镇需继续加强和村之间的联系，帮助解决测绘单位碰到的边界纠纷等问题。三是与省农委保持信息畅通，尽早配合安徽省的部署，完成相关工作。四是加快证书打印、签字等收尾工作，确保此次确权颁证工作的完整。

4. 凤阳县确权颁证中的一些重点问题讨论

（1）如何处理实测多出的面积

此次实际测量时，虽然多少不一，但多数农户的土地面积都会增加。这一结果出现的原因，是刚开始进行二轮延包时，由于需要根据承包的农地面积缴纳有关税费，农民没有积极性确认自己实际耕种的多出承包地面积的部分，而之后农业税废除以及此次确权后补贴发放是依据所确土地面积进行的，因此此次农民有更高的积极性对多出的土地面积进行确权。在此次确权登记中，对于多出的地块，凤阳县在确权中遵循了以下原则：对于二轮承包时所确定的地块，多出的部分确权给承包户；对于二轮承包后农户自己开荒的新地块，此次不予确权，但可以由实际耕种的农户继续耕种。

对于确权后土地面积的增加是否会带来补贴费用的上涨，凤阳县采取的做法是保持补贴的总量不变，即对每亩的补贴数额做了相应减少。确权的目的是使农民得到土地财产权，因此确权后土地需要和补贴挂钩，但考虑到不增加既有补贴，因此凤阳县采取了减少每亩耕地补贴数额的做法。

（2）哪些部分没有完成确权

调研时，凤阳县完成了承包地 87.3% 的确权工作，余下的 12.7% 尚未完成，主要包括两种情况：一是部分居民举家外出，家里无人签字，导致确权工作无法完成；二是一些农户间的土地边界存在矛盾，尚未达成一致意见而不予签字，导致无法完成土地确权。

需要指出的是，本次确权中，凤阳县也部分采取了确权确股不确地的做法。这主要是由于后期进行了土地整理，出现了边界无法判断的地块。对于这些地块，在此次所确的承包经营权证中只标明大致位置以及土地面积，不做具体位置的标示。

（3）如何保护妇女权益

在凤阳县进行的确权颁证中，承包经营权证以户为单位发放，证书上分别注明了户主和所有共有人的名字。证书采用农业部的样本，由安徽省统一印制。对于二轮承包后去世的家庭成员，去世人的名字也一并登上，但注明死亡。

确权中的一个突出问题是，如何界定出嫁后女性的权利。对于已婚女性，凤阳县的做法是交给家庭判断，即是在婆家还是在娘家确权，由家庭做出选择。如果两边都不同意确权，凤阳县的做法是，如果是二轮承包后出嫁的，承包地确权原本虽在娘家，但此次确权则一般是在婆家。如遇特殊情况，比如婆家本来就地少人多，这时妇女可以申请到娘家登记，如娘家不同意，则由政府出面和娘家协调。如果妇女嫁到婆家后，丈夫去世，这时再在婆家确权难度比较大，则在娘家确权。

综上所述，对出嫁的女性进行确权的原则，是让家庭自己协调，优先选择在婆家确权，如果婆家无法确权，则需要在娘家确权。另外，在具体工作中也坚持了具体问题具体分析的原则，女性如果嫁的地方比较远，即使能在娘家确权，由于实际上并不方便耕种，所以在婆家确权。

对于二轮承包后分到土地但后来离婚的女性，由于一般的离婚均采用的是协议离婚，在制定协议时已经把共有承包地分割得很清楚。同时，在当地农村，很多离婚妇女宁愿分房产，也不愿分地。

对于二轮承包后农户外出的情况，由于当时已经签了合同，因此依然要给这些农户进行确权。此外，由于承包合同只能到户，居民家里只要有一个人在家，就不能动这家的土地。但如果外迁居民在城镇有正式工作，如成为国家公务员、国有企业职工等，这些人员的土地在此次确权时可以收回。一般情况下，此次确权时土地是不动的。

（4）土地纠纷中仲裁的作用

凤阳县在土地确权中，也出现了不少纠纷，对于这些纠纷，多数采用调解方式，一小部分采用了仲裁方式。事实上，对于仲裁庭给出的结果，有些居民给予认可，有些居民则不认可。对于不服仲裁结果的纠纷，实际上是不容易执行的，法院即使做出判决，也无法强制执行。因此，对于土地纠纷，仲裁的只占一小部分，尽量是采用调解的方式。

对于这种格局,凤阳县有关部门给出了合理的解释。中国农村是一个以亲情为纽带的社会,一般情况下,纠纷的种类往往是由过去发生的代耕引发的,① 基于边界的纠纷很少。而发生代耕的家庭之间,往往是关系不错的邻居,或者是有着亲戚关系的家庭,在这种情况下,即使产生土地纠纷,大家也倾向于采用调解的模式,如果采取仲裁,之后的关系很难处理。因此,当地发生的土地纠纷,多以调解方式加以解决。对于代耕产生的纠纷,当地政府采取的方式一般是两头劝解,结果多是分割一部分土地给原来的承包户。

5. 凤阳县的土地流转

截至调研时,凤阳县进行流转的土地面积占到了总耕地面积的40%。流转费用根据土地的具体位置、质量以及谈判的具体情况而有所不同,一般是每亩700元到1000元。当地政府为了鼓励流转,给予参与流转的土地每亩100元的一次性补贴,但要求土地流转期限在5年以上,面积在50亩以上。②

土地流转,一般是基于几种情况:一是农户家人外出打工,会把土地流转给其他人耕种;二是工商资本下乡,会流转农地开展经营活动,一般是种植经济林果,很少有种粮食的;三是当地的农户主动流转土地给其他农户,带来规模经营。调研时发现,凤阳的土地流转规模往往因耕种者的年龄而有所不同:种植50~60亩土地的人,一般为60岁;而耕种500亩左右土地的,年龄多为30多岁。

流转时一般会签订流转合同,在这一过程中,村里一般不收取费用。但在实际操作中,有些村级集体会向承包方每亩收取50

---

① 调研发现,20世纪90年代随着人口外流的加剧,凤阳县土地代耕的现象越来越多。
② 与全国其他地区的补贴情况相比,安徽省给予的补贴并不高。在贵州的一些地区,政府为了鼓励土地流转所给的补贴每亩地达到400元,占到了总费用的2/3,而且支付的时间为三年。

元的费用作为村集体收入。按照当地有关部门的解释，安徽省对向农民收费控制得很严，是禁止向农民收费的，在土地流转方面也严格执行了有关规定，但可以向公司收费。

为了促进流转更加规范和有序，凤阳县早在2008年就设立了农村土地流转交易中心。流转发生时，由双方向土地流转交易中心提出申请，之后由中心派人对拟流转的土地进行测量备案，相关费用由政府负担，农民不需要付费。对于进行土地流转的大户，凤阳县会颁发一张流转经营权证，证书由凤阳县自行设计，县政府颁发，其目的是供经营权抵押时使用。截至调研时，凤阳县流转经营的土地面积有七八万亩。对于这一证书是否真正起到了贷款抵押作用，凤阳县相关部门的人员坦白，银行在发放贷款时进行的是综合评估，流转经营权证只是提供一个参考，但确实为流转大户申请银行贷款提供了一些便利。

发放流转经营权证并不需要在承包经营权证上进行注明，这是否会带来一地二租的风险，即发包户是否会把自己的土地分别租给不同的承租户？对此，凤阳县相关部门给予否定的回答。这是因为，每次土地流转发生时，均需要到流转交易中心申请备案，之后由交易中心进行测量确定，对于已经流转出去的土地，因为已经做了备案，如果再次发生流转是能够被识别的。因此，土地流转交易中心的成立和备案制度，有效地防止了承包地一地二租情况的发生。对于为何不在承包经营权证上加以注明，凤阳县政府表示，承包经营权证只有在土地发生转让的情况下才做注明，对于土地流转，是以流转合同进行验证的，因此不在承包经营权证上加以注明。

当前的土地流转模式，存在女性成员权益受损的风险。农村地区的家庭户主多为男性，因此土地承包经营权的代表一般也是男性，进行土地流转时家庭的代表也多是作为户主的男性。这时的潜在风险是，如果家庭成员内部意见不一致，户主有可能在不征求妻子意见的情况下单方决定流转土地。而在目前的条件下，尚无法要求土地流转时家庭全部成员进行签字，因此，极有可能土地在女方不知情的情况下发生了流转。如果这种情况发生，女方为了维权，能够采用的办法一般是提起诉讼。

针对确权颁证对土地流转的作用，凤阳县有关机构表示了肯定。受访者普遍认为，确权颁证能够促进土地流转工作的开展。这是因为，颁证能够减少交易成本，流出方比较放心，不担心流转出去的土地将来收不回来。

此外，受访者认为，凤阳县的土地流转水平，也就维持在目前40%的水平了，不会再有大的增长。这是因为，土地经营强调适度规模经营，这个适度在当地一般不超过500亩。[①] 事实上，当地真正开展土地流转的承包经营者，一般做的仍是农业，而农业经营有着较大的风险，极易受产品价格和气候等各方面因素的影响。同时，农业生产率能提高多少，也对土地流转吸引力产生影响。[②] 此外，对于当地的大多数农户而言，无论是出于传统的土地情结还是对生活安全的考虑，只要有人在家，一般农户是不会将土地流转出去的。对此，凤阳县农业部门说，当前是"想租地的多，但想出租的少，大家都不想把土地出租出去"。受上述因素制约，凤阳县当前40%的流转率已经是一个"比较理想的水平"了，剩下的土地要么拥有者不想流转，要么不容易流转。

6. 确权颁证后的记录维持

调研发现，凤阳县的土地登记，预期到2016年3月完成，届时安徽省要进行验收，要求确权颁证率达到所有土地的85%。完成此次确权颁证之后，如果要更改信息，农户需要到乡镇进行申请，之后到县里备案，证书上也会对变更情况做出记录。特别是

---

① 调查了解到，当地土地流转面积的最大规模是1000亩。
② 在凤阳县，东部地区的土地每年可以种植两季粮食，如果不算人工成本，每亩地每年的收入能够达到1000元。对于进行流转的经营主体而言，要开展规模经营，一般需要自己有机器，这无疑会增加投入。而在西部的旱地，一般一年只能种植一季作物，获得的收入更少。因此，就当地的农业生产率而言，开展土地流转进行农业规模化经营，并不是一项利润很高的事业。

对于土地置换的情况，必须进行变更登记。同时，如果是作为户主的老人去世，也需要农户提出申请变更。这些手续，农户不需要承担费用。换言之，此次确权颁证后建立起的数据的长期维护，由凤阳县政府实际承担。

7. 尚未触及的问题

此轮确权颁证中，有一个问题是对已经离开农村的农户的土地如何进行处理。调研时，安徽省已经提出了有偿退出的意见，试图探索在城镇定居工作人员的土地有偿退出问题。但具体如何操作，还没有清晰的模式。对于这一问题，根据凤阳县有关人员的解释，目前依然"是个禁区"，实际操作比较复杂。按照当前的有关法规，承包权只能在集体经济成员内部进行互换和转让，所以对于承包经营权的有偿退出机制，关键是在实际操作中要有承接人接管，如果没有实际承接人，很难退出。按照凤阳县的解释，当前各个村的集体经济并不是十分发达，村集体没有资金对村民的土地进行补偿收回，而且收回时按照什么价格进行补偿也是一个难题。另外，对于退出土地的人而言，要进行土地转让必须在城镇地区有稳定的收入，以维持生活，而在大部分进城务工人员经济安全无法保障的情况下，很难保障退出土地的人在将来遭遇危机时不转回原有的土地寻求生活支持。基于上述种种顾虑，凤阳县在土地确权颁证过程中，虽然各项工作进展相对顺利，但依然没有对有偿退出机制做出实质性的尝试。

（三）西部地区的落后农业省份——贵州的案例

作为第二批试点省份，2015年贵州省被列入确权颁证的整省推进试点区域。事实上，在被确定为整省试点之前，贵州省就已经确定了一些试点县，探索农地承包经营权确权颁证的有效路径。对贵州的调研，我们选取了其中开展试点工作较早的遵义县[①]为

[①] 后遵义县撤县设区，改称播州区。课题组调研时仍为遵义县，故本书中使用旧称。

例，通过解剖遵义县确权颁证的具体做法，分析贵州省农地确权颁证的主要经验和有关问题。

1. 遵义县概况

遵义县隶属于贵州省遵义市，面积 3390 平方公里，下辖 25 个镇和 2 个民族乡，220 个村，总人口约 103 万人。国土二调时，遵义县的耕地面积为 152 万亩，由 19 万农户承包经营。20 世纪 90 年代，遵义县进行了第二轮土地承包经营权的延包，当时确定的期限为 50 年。按照当时的计划，当前土地承包经营权的到期时间为 2043 年。因此，此次确权颁证遵义县在所颁发的证书中注明的承包期限为 2043 年。

2. 遵义县确权颁证工作的基本流程和主要原则

（1）基本流程

基于经费限制和实际摸索两方面的需要，遵义县在农地确权颁证试点中采用了三步走的路径。第一步，自 2013 年 11 月 8 日开始，选择一个村开展试点工作，这项工作于 2014 年 9 月完成；第二步，自 2015 年 1 月开始，选择两个镇针对 16 万亩土地开展确权颁证试点工作；第三步，完成剩余镇的农地确权颁证工作。截至调研时，遵义县已在选择的两个镇完成了 1∶1000 的工作底图绘制，完成了 340 个村民组 11770 户 17 万块地的确权颁证工作，实际完成调查土地面积 99102.79 亩，占两个试点镇的 94.39%。其中，129 个村民组的数据库已经建立并做了成果公示。在此基础上，2015 年 8 月 19 日，遵义县又对另外六个镇进行了确权颁证试点推进的招标，494.5 万元中央支付资金和 729 万元县级启动资金全部到位。

调研了解到，在推进确权颁证试点工作中，遵义县主要做了以下几方面的工作。

一是学习借鉴。据遵义县有关部门介绍，确权颁证是一项新工作，没有成熟的案例可以遵循，因此在启动时向其他地区学习既有经验十分重要。2013 年 4 月和 6 月，围绕确权颁证的具体做法，遵义县农业部门先后到贵州其他县市和重庆市做了两轮学习考察。

二是选好试点。在对本县各区进行综合分析的基础上，遵义县选择了位于城郊的龙坑镇金谷村作为试点区域。针对这一试点，县里拨付专项资金40万元，实际使用了30万元。

在金谷村推进试点工作时，成立的工作组包括县农牧局工作人员4人、镇工作人员2人、村民10多人。工作组成立后，首先对村民进行了广泛宣传培训，提高村民对确权颁证的知晓率。在整个过程中，工作组制作了宣传标语和"致农民书"发放到每家每户，通过宣传让村民对确权颁证工作的意义和目的有了了解。在这一过程中，工作组对村里的土地情况做了摸底，确认了摸底情况和国土二调面积基本相符。

三是制订具体工作方案。考虑到确权颁证具体工作的推进需主要依靠村民，遵义县制订了详细的工作方案，将工作分为几个阶段，明确了各阶段的主要任务以及具体工作办法。据遵义县有关部门介绍，县里相关部门对具体工作方案的制订非常重视，"方案细致才能使工作顺利展开"。

四是依托方案进行落实。具体工作包括开展招标，确定技术上所依托的公司；发动村民配合，落实确权颁证各项具体工作。

（2）遵循的主要原则

此次确权颁证的原则主要是遵循第二轮土地承包时的资料，确权的期限也是到2043年。但所确权的面积，一般是此次实际测量中所得的面积。对于这一做法，遵义县有关部门给出了具体解释。

二轮延包时，遵义县基本上没有进行实际测量，大部分是延续了一轮承包的数字。而且在当时的情况下，很多地方根据土地质量、距离等因素采用了与实际面积并不一致的"习惯亩"的做法。在此次实际测量中，大部分农户的土地面积都增加了，所测面积平均下来为原来的1.5倍。其中，稻田面积变化不大，增加的部分主要是山地，一般能够扩展至原来的两倍。

对二轮延包时没有确认但目前实际由个人耕种的土地，遵义县采用的办法一般是召开村民代表大会，由村民讨论应该如何处理，在村民都同意的前提下，可将这些土地确权给实际耕种的个人。之所以采取这一做法，是因为这些土地中很多实际上就是个人承包的土地，但在二轮延包时由于承包户不想缴纳相关税费，往往采用了不予确认的方式。对于这些土地，大部分村民是了解情况的，所以一般会在讨论时给予承认。

此外，按照有关要求，此次确权颁证的面积不能大于国土二调面积。在实际操作中，多出国土二调面积的部分一般是自留地，对于这部分土地，确权给村民委员会。

自二轮延包后，遵义县总体上采用的是"增人不增地、减人不减地"的方式。此次确权，遵义县遵循的是确权到户原则，但在所颁发的承包经营权证书上，同时注明了土地共有人，即家庭成员的具体情况。

确权完成后的档案由县档案局负责保管，保留纸质和电子版两份档案。这一操作平台的范围是县，所有乡镇的档案资料全部被包含进去。

3. 确权颁证工作中遇到的主要问题

调研发现，在确权颁证试点推进中，遵义县主要碰到了以下五方面问题。

第一是选择一个好公司难。随着确权颁证工作在全国的深入展开，国内出现了很多测绘公司，据遵义县有关部门反映，虽然这些公司都有进行土地测绘的资质，但真正能做好此轮确权颁证工作的并不多。特别是在贵州一些县市，一些公司虽然中标已有好几个月，但一直没有开展工作。事实上，在遵义县进行的第一步试点中，土地调查重复做了三次。这一结果出现的主要原因，是公司和居民之间缺少配合，致使确权颁证工作无法开展。事实上，在确权颁证具体工作的开展中，公司的角色十分重要，除现场指界以及解决群众矛盾外,航拍、区分自留地与承包地等,一般都由公司负责落实,最后公司还需要提交综合档案。据遵义县农业部门介绍,首次挑选的公司,在测量技术上没有问题,但公司人员都是一些年轻员工,缺少实际生活经验,对于确权颁证中的复杂问题根本不了解,无法在工作中发现问题并加以反映。比如,构图时,按规定自留地和荒地不能纳入确权颁证范围,但很多村民为了追求面积往往把这些都算在自己的承包地中,而公司员工并不清楚土地性质,往往会按照村民所说直接绘制,导致绘图结果和真实情况相差较大。在意识到上述问题后,遵义县在第二步土地确权颁证时采用了严格的招标流程。招标时依据两个主要指标:一看公司实力,二看以前是否做过土地确权相关工作。经过几轮协商,在试点第二步推动时,遵义县为两个镇招标确认了一家四川的公司。这家公司除满足上述两个要件外,员工所使用的语言也和遵义县相近,这样有利于实际工作推动过程中的交流。

第二是资金不足。在试点进行中,依据招标的实际情况,遵义县确定了每亩28.7元的招标价格,但这仅仅是在两个镇开展试点时给公司的费用。据遵义县有关部门介绍,除上述给公司的费用外,试点推动时还会产生其他费用。其中主要部分是百姓的现场指界费用,平均下来有每亩3元左右。[①] 这样算下来,遵义县土地确权平均每亩需约30元。要完成全县152万亩的土地确权,需要4560万元的资金投入。按照中央补助10元、省里补助5元、市里补助5元,如果这些补助都到位,遵义县还要负担1520万元,但由于调研时市级补助尚未下达,在这种情况下县级要负担2200多万元的经费。这对于经济发展水平较落后的遵义县而言,很难承受。

第三是操作中的底数不清。1980~1981年,遵义县在没有遵

---

① 这一数字主要是根据当地村民务工收入每天50元到80元的标准计算而得。

循非常严谨方式的情况下就进行了首轮土地承包。而20世纪90年代进行的土地二轮承包,基本上是对原来登记情况的简单顺延。按照遵义县农业部门的说法,"一轮承包和二轮延包都是糊涂账,不是很清楚"。此外,二轮延包之后,对于土地增减的处理,没有一个统一的标准。比如,对于考入大学转走的村集体经济组织成员,有些收了土地,有些没有收,而且当时没有做详细记录,导致农户承包的农地底数较为混乱。

第四是土地二轮延包的档案和信息不完整。开展第二轮土地承包时,有些证书发放给了农户,有些证书发放到了村组,有些根本就没有发放。这导致此次确权颁证时,很多农户手中没有二轮承包经营权证,需要到档案局进行查询。档案和信息的不完整,增加了此次确权颁证工作的难度。

第五是权属争议较多。调查发现,由于前些年农民对土地并不重视,公共占地、彼此之间相互占地的情况时有发生。在一些地方,土地的四至界限在过去30年中发生了显著变化,很多村民对土地进行了互换,有些村民在农地上修建了房屋,还有些修建了公共设施。在近些年有了农业补贴后,矛盾逐渐增多,时至今日很多矛盾依然没有解决。

对于上述问题,尤其是后四类问题,多数村民能够给予理解,并主动通过协商和调解解决问题。这种积极性,主要得益于村民对确权颁证工作的认同。据遵义县农业部门给出的反馈,"百姓会觉得确完权之后地就给他了,心里会更踏实"。但与此相对,也有一些年纪比较大的村民,并没有认识到确权颁证的重要性,认为"自己一直在耕种这些土地,无论确与不确,土地都是自己的",对于参与确权颁证工作相对冷淡。还有一类村民,抱着无所谓的态度,既不反对也不支持,采取被动接受的方式。在实际工作中,持上述三类态度的人都有,总体而言,选择支持的所占比例较高。

4. 和确权颁证关联的空心村整治和农村治理问题

调研中，发现了另一个不直接属于农地确权颁证但又与此密切相关的问题——空心村的问题。调研时，在遵义县222个村居中，只有54个村居做了整体规划，大量的农村人口外出务工，加上村庄缺少规划，很多村庄的土地和房屋出现了闲置，即出现空心村。据遵义县相关部门估计，当前遵义县无人居住的村居占到了10%，有留守儿童的占到80%。针对闲置的住宅和土地，今后如何进行整治，是一个需要引起充分重视的问题。

调研发现，农业税取消之后，一些地区的干部和村民的关系变得逐步"稀释"起来，同时这些年一些村也积累了不少关于计划生育、土地、"三农"、生产生活等多方面的矛盾。在此次确权颁证中，无论问题是否关于土地，很多村民都会借此次确权颁证的机会把问题抛出来寻求解决。如果问题得不到解决，一些村民会采取拒绝在农地确权颁证工作中签字的方式表达不满，这无疑增加了确权颁证工作的复杂性。

5. 妇女权益保护问题

在遵义县农地承包经营权确权颁证工作中，妇女权益保护也是一个很值得关注的问题。目前，遵义县对于女性确权没有出台特别的方案，而多是延续习俗或采用"一事一议"的方式。在贵州，虽然采用的是"增人不增地、减人不减地"的原则，但女方出嫁后一般不会再回娘家主张土地权利。但在实际操作中，也有部分村庄出现了女性回到娘家主张土地权利的情况，有些因为父母去世且和兄弟关系不好，甚至要求单独确权。对于这些问题，遵义县基本采用"一事一议"的方式加以解决，具体是通过家庭会议或村民会议，让村民自行解决。对于这种做法，遵义县有关部门称，"并不完美，但也是无奈之举"，相较其他方式，这种方式产生矛盾的概率更低。

6. 土地流转

调研时遵义县发生流转的土地面积达24万亩，约占全县农地面积的16%。这些土地流转的期限，一般是5~10年，最长的期限是到2043年，同第二轮土地承包期限。土地的流转价格，一般为每亩600元到800元。

对于确权和土地流转之间的关系，在遵义县尚未发现清晰的联系。事实上，很多地方在没有确权之前，村集体就已经把土地的经营权做了流转。因此，此次农地确权颁证对土地流转所带来的影响，在遵义县尚不明朗。

作为试点县，遵义县正在进行将村民的资源变资产、资产变资金的尝试。其中一项内容是，探索将承包经营权进行贷款抵押。从已有的两个村的试点情况看，这项工作进展得并不是很理想，调研时还没有看到明显效果。

三 确权颁证试点情况的总结分析

（一）三地情况总结

基于调研，对河北、安徽和贵州三地确权颁证试点工作，可做如下总结。

从河北的情况看，已积极开展了试点，但为了避免激化农村中的既有矛盾，此次确权颁证采用了"不拍醒睡着了的孩子"的模式，即进行了土地的实际测量，但确权颁证依然沿用二轮延包的土地面积，此次测量面积只是做了标注，并未明确如何处置这些土地，也没有对农户承包的土地面积做实质性调整。

从安徽凤阳的情况看，进展较为理想，确权也是依据本次实际测量所得的具体面积，与此同时坚持了自我开荒地不被确权的原则。同时，针对此次确权颁证中出现的诸多问题，安徽凤阳设置了专门的仲裁庭处理有关矛盾，体现了其积极探索的一面。特别值得称赞的是，安徽省凤阳县此次确权颁证对女性权益的保护给予充分考虑，这成为当地工作的另一亮点。

从贵州的情况看，此次开展确权颁证试点碰到的问题较多。

一是历史资料欠缺。如调研中了解到，二轮延包进行时只是进行了简单顺延，没有进行实际测量，导致这次确权颁证的基础薄弱。二是农户手中材料不全。当时的材料有些就没有发到农户手中，导致此次确权只能到档案局查材料。三是成本高。一方面请公司成本比较高，另一方面人工成本也比较高。同时，公司无法处理确权中实际存在的种种问题也是此次确权中的一个难点。四是原来积累的众多矛盾在此次确权中凸显。按照当地说法，农业税取消后，干部和农民的关系不再那么紧密，很多人希望通过此次确权颁证，解决农村积累的诸多问题。

虽然三地调研揭示的是推进确权颁证中具体个案的做法，但从三地所处的地理区位、土地资源禀赋以及被确定为确权颁证整省推进试点具体时间三个维度分析，三地所反映的情况在一定程度上代表了中国当前推进农地确权颁证的典型做法。对三地情况的总结，为剖析中国农村在推进确权颁证整体实践中的异同提供了重要素材。

（二）各地确权颁证试点推进的异同点分析

在综合三地情况基础上，课题组又在全国70个村围绕确权颁证做了典型案例调查。基于三地调研和这些典型调查，可对当前中国农村推进农地确权颁证实践的异同做出分析。

各地推进确权颁证工作中的共性，可概括为以下七个方面。一是均按照国家提出的相关要求，制订了具体操作办法和制度流程。二是在实际操作过程中，均采用了先试点后推广的做法。通过试点发现问题，总结经验。三是对二轮延包后农户自行开垦的荒地，均采用了不予确权的方式。四是确权的基本单位都是户，而且在证书中均体现了家庭成员的共有情况。五是对于一些棘手问题，如土地有偿退出等，均没有涉及。六是对于确权后的承包经营权证的抵押等功能，目前尚未形成有效的探索，各地的金融系统也基本没有出台针对使用土地承包经营权证开展抵押贷款的相关细则。七是各地都存在不同程度的土地流转。在诸多原因中，农村人口外出务工导致家庭劳动力缺失，是引发土地流转的主要动因。

各地推进确权颁证工作中的差异，可概括为以下四个方面。

一是各地面临的具体问题和历史起点不同。比如，多数地区的二轮承包期限为 30 年，而一些地区则采用了不同年限（例如 50 年）的做法。与此相应，此次确权中所颁发证书的有效时间，一些地区采用了和二轮承包相同的时间，而一些地方则尝试采用"永久不变"的做法。同时，二轮承包后，一些地区根据人口的增减情况定期进行了农户的承包户土地面积调整，而有些地区则采取了"增人不增地、减人不减地"的做法。此外，二轮承包时，一些地区的工作相对细致，既进行了测量也将证书颁发到了农户手中，而一些地方的工作则相对简单，既没有测量也没有将证书颁发到农户手中。这些差异导致此次确权颁证工作推进时各地面临的基础存在差异，在这一背景下，采用不同的工作模式和思路成为必然。

二是推进的具体力度存在明显不同。对此次确权颁证，一些地区比较重视，充分认识到确权颁证对农民财产权保障以及农村未来经济社会发展的重大意义，各项准备工作做得十分细致，对各个方面均做了细致安排，全面实现了确权颁证的预期目的。但也有一些地区，只简单地将其作为一项上级下达的任务去完成，在最低限度上做了相关工作，其中很多环节设置都存在不尽如人意的地方。

三是对过程中出现的矛盾的处理方式不同。毋庸置疑，此次确权颁证的一项核心议题，是妥善处理整个过程中农民围绕土地权属产生的各类纠纷，力争通过此次颁证，相对彻底地解决农村土地权属和使用中的各类问题。但在实践中，对此次确权颁证引发的问题，有些地区采用了回避的做法，虽做了实际测量，但确权只是对二轮承包土地面积的简单延续，使此次确权颁证的意义大打折扣。更有少数地区，就没有认真地进行土地的实际测量，只是根据二轮承包简单更新和完善证书。同时,针对出现的矛盾,一些地区专门设置了仲裁庭,采用"一事一议"的方式进行积极调解和化解,基本消除了出现的各类矛盾;而有些地区,虽也出现了不少矛盾,但基本未做专项处理。

四是对于女性权益的保护,存在很大差异。中国农村地区大多秉承"嫁出去的姑娘,泼出去的水"的做法,对于出嫁女性的土地权益保护相对薄弱。因此,此次确权颁证是否能够切实保护女性的土地权益也是我们的一个基本关注点。尽管存在相关要求,但在实践中依然有不少地区对这一问题基本采用不予考虑的做法,妇女在确权中既没有很好地参与,权益也没有得到应有的保障。与此相对,另一些地区则积极考虑了妇女作为弱势群体的实际情况,较好地实现了"在保护妇女权益中确权"和"在确权中保护女性权益"的结合,确保婆家娘家有一方对妇女的土地确权负责。

(三) 围绕确权颁证试点工作中主要问题的讨论

调研发现,整体上确权颁证工作已在全国范围内如火如荼地展开,但与此同时,这项工作在推进中还面临不少问题。

问题一:这项政策如何给农民带来收益

从理论上讲,土地确权颁证是一项能给亿万农民带来好处的事情,在实际推进中,这项工作也确实得到了农民的广泛支持。但与之而来的问题是,将确权成果公平地分配给每一位农村土地所有者,在实践中却并不容易实现。在二轮承包后的十几年中,各地快速发生的经济和社会变革使曾经分到的同一个村落土地的流转价格出现了迥然不同的结果,此次确权,难免会使这种差异中的一部分合法化。制度安排如何使市场化的差别收益给全民带来实惠,是政策制定者需关注的问题。

在调研中,大部分受访者均对此次确权工作表示了支持,但又表示此项政策给自己带来的利益有限。很多人表示,此项政策所促进的土地流转,会使那些拥有处于交通便利位置土地的村民获得大量财富,但对大多数拥有大量难以流转土地的村民却没有什么直接好处。确权工作的推进，使农民土地权益得到了更好的保障，但这一政策在无形中也带来了农户间的不平等，基于区位产生的土地收益差异将可能得到固化。

与此同时，对于那些交通不便、整体区位较差的村落，对此次确权颁证带来的直接利益的感知则更为薄弱。在安徽省某村调研时，就得到了如下反馈：

> 对于确权颁证将会带来的好处，村民和村支书都没有看到明显的益处，虽然在填写问卷时村民会对问卷选项表示认可，但对实际生活几乎没有影响。就贷款而言，村子经济发展水平不高，农民很少申请贷款，村里暂时没有通过确权证书成功贷款的案例。而且根据调查情况来看，村民没有这种意识，估计将来也不会用确权证书进行抵押贷款（源自安徽省某村调研记录）。

问题二：确权颁证中村民参与不足

确权颁证工作要做到实处，离不开村民的积极参与。调研发现，不少地方的村民参与状况并不理想。一些地区的政策宣传力度不够，村民不了解政策的实质、目的和具体实施过程，只是盲目跟从基层干部执行政策，对政策涉及的自身利益范围不明确，对政策的后续益处不了解，导致参与度不够。甘肃某村的一位村民说：

> 我认为导致土地确权政策宣传不到位的原因有以下三个方面：一是村干部碍于各种麻烦，从政策的初步了解到具体实施时方案的制订，都由村干部等内部人员参与完成；二是现如今多数农民都已不再完全依靠种地维持生计，农闲时多在外打工，白天多数时间不在家；三是村干部的相关宣传手段不够丰富、宣传范围不够大、宣传频率不够高（源自甘肃

某村调研记录）。

除上述宣传方面的原因外，部分农户对确权颁证存在的消极心理，也导致其参与程度不高。在湖南某村调研时，一些村民反映，村干部与少数男性村民代表在村里享有众多信息资源，拥有较多话语权，部分农户被隔离在这一团体之外；团体外的农户们除了到村委会"反映情况"之外，没有什么其他有效措施，这些人似乎习惯了隐忍和听之任之，但实际上负面情绪不断累积。

> 被访者A："反正村里的书记年年都是YPY，投不投票都是他，我们干什么（投票不投票）都没有什么意义。"
> 被访者B："村里给你发了个证，他（村干部）说是多少就是多少，根本不给你辩白的机会。"
> 被访者C："土地分配国家说了算，我只管耕地（我说了不管用）。"
> 被访者D："我们农民说了也没有用，也是村里（干部）说了算。"（源自湖南某村调研记录）

如上述调研反映的，村民被访者多次表达出"参与机会少，意见发表不充分"。村民对土地的变动有意见，但是认为自己的意见不会被采纳，以自己的能力改变很难，多选择忍气吞声、沉默不语；少数农户去村书记家里"聊天"，但即使"（村书记）没有给解决的办法"，也不再继续追究。

问题三：土地权属确定中的两类冲突

确权颁证的核心，是确定土地权属。调研发现，受工作历史基础、文化传统、农业生产特征等多种因素影响，实际操作中的土地权属确定碰到了两类冲突。

第一类冲突发生在农户和集体之间。调研发现，确权颁证过程中出现最多的问题，是二轮承包所确定的面积和实际耕种面积相差较大，多数情况下实际耕种面积要大于二轮承包时的面积，这既与当时二轮承包分地工作粗糙、丈量不准确有关，也与当时很多地区采用"习惯亩"的做法相联系。同时，后期部分农户在耕种中不断进行荒地开垦也是一个重要诱因。但无论是哪种原因，这种承包面积和实际耕种面积的不同，在本质上都反映出农户和集体之间的冲突，对于比二轮承包规定多出的土地，在此次确权颁证过程中是确认给农户，还是收归集体，是一个复杂问题。

第二类冲突发生在农户之间，主要体现在邻里间土地边界引发的矛盾。自20世纪80年代以来，随着人口流动的日趋活跃，大量农村青壮年劳动力外出务工，在为家庭带来相对丰裕的非农收入的同时，源自农业活动的收入在大部分农户家计生活中的重要性日益降低，这直接导致很多农户对农业生产较为忽视，其中的一个结果就是耕种土地的边界变得相对模糊。随着此次确权颁证的推进，农户再次意识到土地的重要性，纷纷要求重新界定已模糊的边界。但随着村里一些老辈人的去世，年青一代很多不清楚自己家有几块地，更不清楚边界在哪。在这一背景下，自然产生了大量争执。调研中，不少村民反映，有些家庭因为土地边界和自留地的分配问题与邻居甚至是家庭内部成员产生了矛盾。

上述问题中的第二类，多为技术性问题，相对容易解决。调研发现，这类矛盾一般由村干部进行协调，结合第二轮土地承包时留存的档案（这些档案一般在村部保管）进行调解。对于处理的结果，大部分村民比较满意。但第一类问题，多为政策性问题，对于这类问题如何化解，缺少统一的模式。在实际操作中，各地的应对方法也是五花八门，有根据实际耕种面积确权的，也有对实际耕种面积进行标注的，还有不做任何安排的。无论如何，这类问题均需要在政策上有一个相对明晰的安排。这也是确权颁证试点调研中遇到的最为复杂的问题。

问题四：土地是否应定期做调整

对于确权后土地是否应该定期做出调整，存在两种截然相反的意见：一种是要求根据人口增减情况定期调整；另一种是不做调整，所确权的土地应该一直为农户所有，直至该农户家庭所有成员都不在了为止。

上述两种意见的提出，在本质上反映了农户追求自身利益最大化的事实。二轮承包之后，很多地区采用了"增人不增地、减人不减地"的做法。希望确权后能够定期对土地进行调整的农户，一般是二轮承包时分得土地较少的家庭，这二十几年来由于家庭成员增加，耕种的土地面积与自家人口实际应耕种的土地面积相差较大。有些地区自家种地的粮食还不够供给一家人一年的口粮，人口与土地比例严重失衡，这种家庭非常期望能够重新分地。而不希望重新分地的家庭，则一般是二轮承包时分得的土地与自家人口的数量相匹配，这二十多年来，自家人口没什么变化，有些甚至因为女儿出嫁、老人去世，自家土地相对别人更为充裕，这种家庭就希望确权后不再重新分地。

事实上，与上述土地调整相关联且更为复杂的是迁出人口的土地如何处置的问题。调研发现，在大多数地区，就如何处置举家迁往城市农户的土地，大多数村民认为，其土地是二轮承包时分得的，即使全家都迁走了，土地也应由承包人自行处理，是承包给他人获取收益，还是交由亲戚代管，抑或不做任何处理，都是承包人的权利，他人无权干涉。调研也发现，即使政府给予城镇户口、低保和养老金，大部分村民也依然不愿退出承包地。他们认为，土地是农民的根本，没有土地等于变相失业，若有偿退出，每亩价格为10万~20万元。甚至有少数村民认为，即使有补偿也不希望自己的土地被政府收回。在甘肃等一些地方的调研还发现，在关于土地承包经营权继承的问题上，村民一致认为，无论承包人的子女户口是否在农村，由自己的子女继承土地都是理所当然的。

对于土地确权和调整，一些地方的村干部认为，进行土地确权应该首先进行土地调整，对于死亡、迁出人口的土地应该收回重新分配再进行确权，像现在这样不进行土地调整直接进行确权，效果不大。另外，对于 60 岁以上的村民，当其土地被征用时应当制定标准给予一定补贴（资料来源于甘肃某村调研记录）。

从上述不同意见可看出，围绕土地权属和是否调整，存在不少争议，但由于没有对此做出明确说明，各地在推进中的模式并不统一。在实际操作中，为了避免可能引发的矛盾，多数地方选择最低限度地完成此次确权颁证，并没有将土地调整和确权颁证相结合。同时，对于外迁人口的土地是否收回，一方面由于制度安排不清晰，另一方面也存在实际操作的问题，[①] 一般都没有执行。土地调整既涉及农业长期经营的稳定性，也涉及如何理解权利公平，这项工作虽复杂，但考虑到其重要性，需要有关部门尽快对此进行研究并加以解决。

问题五：土地流转中的障碍

土地确权颁证根本上是为了保障农户土地权益，即提升土地作为一项财产的收益权。在当前背景下，推进土地流转是重要的实现手段。调研却发现，确权颁证和土地流转之间的关系并不像预期的那样简单。

一方面，无论是村干部还是农户在认识上都认为土地的确权颁证，能够带来更好的权益保护和更为顺畅的土地流转。这是因为，确权后农户会更为放心地进行土地流转，用农户自己的话说，"确了权、颁了证，就不怕地流转后收不回来"。但另一方面，一些障碍也阻碍了土地流转在实际中的推进。

在很多地区，进行土地流转的村民多数是因为家庭青壮年劳动力外出无人种田，所以将承包的土地流转给邻居或亲戚来耕种，"能流转的土地在确权颁证前已经流转了"，因此此次确权颁证并

[①] 如前述分析所示，由谁来提供补偿进行承接，补偿的价格如何确定，如何确保退出后不再出现反悔引发的风险等诸多问题，都是操作中存在的现实问题。

没有迅速扩大土地流转的面积。此外，土地的现实状况也构成了对流转的实际阻碍。一些人对土地流转感兴趣却苦于找不到合适的对象：一部分人想把土地租赁出去，但因为土地碎片化等原因找不到承包人；另一部分人想多承包土地搞大规模经营，但可承包的土地大都十分零散，限制了其扩大规模。更有甚者，受信息限制，根本找不到愿意租赁土地的农民（源自安徽亳州某村调研记录）。

除上述问题外，新型农业经营主体依然没有培育起来，开展农业种植无法获利，成为一些地方推进土地流转的现实障碍。在这些地区，农业技术水平较低、农户管理经验不足等问题突出。在这方面，湖北某村的调研为我们提供了一个典型案例。

2013年，当地一位流转大户LQC在乡政府支持下，大面积承包土地集中种植，计划通过大规模种植创业致富，但没想到连续三年年年亏损，苦不堪言。究其原因，负责管理公司的LQC的大儿子介绍：其一，请人种植日工资较高，但种植效率不高，并且请的人都是附近农民，不易管理；其二，种植的农作物找不到销路，只能任其烂在地里，比如2014年种了一季大豆，几百亩大豆最后都烂在地里没人要；其三，村里人不懂科学种植，只凭经验，但有时候经验会出现偏差，如2015年因葡萄种植不当仅农药费就损失不少，最后周围居民也因该葡萄施药过多不敢买，他们家的葡萄销量大受影响。对于应对策略，LQC的大儿子希望能得到政府更多的管理和技术方面的支持以及一定的土地补贴，因为其自身力量不足以支持每年近90万元的土地费（近80万元）和政府协调费（近10万元）。与此同时，据周围农户介绍，自土地被该大户承包之后，他们的农活压力轻了很多，以前种地的时间现在可以外出打工和照料家人，并且收入增加了不少（源自湖北某村调研记录）。

问题六：女性权益保障面临困境

虽然安徽凤阳提供了农地确权颁证中对女性权益进行保护的好的案例，但调研发现，这种做法在全国所占比例不大。在大部分地区，对于女性尤其是外嫁女性的权益如何加以保障，依然没有有效的应对措施，确权颁证中的女性权益保护仍有待加强。例如，同在安徽省的另一个地区在确权中实际遵循的原则是，"本次村庄确权工作采用只确地不确股方式，参与确权的除家庭现有成员，对于家庭成员发生变动的，去世、出生、户籍迁出学生以及户口迁出或回迁的人员参与确权，外嫁或娶入的妇女，则不参加确权"（源自安徽省某村调研记录）。

问题七：人口外流下的村庄治理困难

调研发现，自20世纪80年代以来日趋活跃的农村人口大量外出，给此次确权颁证和当下的村庄治理带来了实实在在的影响。

人口外出给此次确权颁证带来的不利影响，可主要概括为四个方面。一是宣传难以到位，一些村民对此事一无所知。一些地区的调研发现，村民对确权颁证的知晓率仅为六成左右。同时，由于家庭中留守的人员主要是一些受教育水平较低的老人和尚未成年的子女，即使他们对确权颁证有少量知晓，不少人对此项工作的认识也一般多为"换个证书而已"。一些地方的调研显示，多数受访者既不知晓为何要重新颁证，也不了解这张证书对此后其生活的实际影响。二是地块边界指认时，对年长者依赖较大，无法由村民自行指认，这增加了土地边界纠纷的数量。三是大量人口外出，导致确权证书发放困难，如课题组的一位访谈员到某村调查的六户家庭中，仅有两户拿到了确权证书，大量证书仍然存放在村委会。四是由于很多家庭尚不知晓确权一事，且未拿到确权证书，因确权带来的纠纷难以彻底解决，存在纠纷隐患（源自湖北某村调研记录）。

上述列举的确权颁证中的问题，生动地反映了人口外流对中国农村的乡村治理带来的冲击。作为村庄中坚力量的青壮年劳动力的缺失，既导致村庄治理无人承担，也造成留守村民对村务的冷漠。同时，在留守在家从事农业生产多为老人或妇女的情况下，出现了"9938"农业经济。这种经济缺少活力，无法使用现代经营方式开展农业生产，即使土地确权到户，由于不想、不敢、不会使用手中的产权去贷款，农村经济整体的活跃程度大打折扣。

四 政策建议

综合各地试点的实际推进情况，可以看出，虽然在实际推动中还面临不少问题，但确权颁证工作在全国基本上在按照计划做整体推进。有关研究显示，如果城镇化过程中2亿进城人口的土地承包经营权允许流转的话，则约有1800万公顷土地需要流转，[①]这既是流出人口所承包农用地继续耕种的要求，也是农村土地实现规模化经营的需要。从这个角度出发，确权颁证工作的推动，对发展现代农业生产经营、建立农村新的权益关系、增加农民收入、改善村庄治理均会产生积极影响。结合调研中发现的问题，对于今后如何立足确权，推进农村土地流转、发展现代农业，提出如下七项建议。

一是深入总结既有试点的经验和教训，出台详细完整的操作流程，针对试点中出现的各个薄弱环节和各种问题，构建各类专项措施加以应对。比如，针对宣传工作，要因地制宜地开展。在农户相对集中的区域，广播能够有效地传递确权工作相关信息。但在一些农户居住相对分散的村庄，没有相应的宣传设备，需要基层工作人员挨家挨户上门宣传，召开村民大会，传达有关政策和通知。此外，村庄可以结合本村的实际情况，采取多样化的宣传方式。在村民较为年轻的村庄，可通过微信、QQ等社交平台进行宣传；对知识水平较低的村庄，可采用印发图画式传单的方式，便于村民理解确权工作。需要注意的是，无论工作形式如何新颖，

---

① 朱道林：《中国农村发展与农村土地制度改革》，《中国发展》2013年第12期。

工作最后均要落在基层工作人员身上。因此，加强基层工作人员的责任心，建立有效的奖惩机制，激励基层工作人员积极思考、努力上进，是落实农村土地承包经营权确权颁证工作的基础。其他各个环节的工作，可以参照上述宣传工作的开展方式，因地制宜地构建策略，以确保工作实效。

二是上级政府要加强对确权工作的监督。在一些地区，前些年村民自治中存在不少问题，一些村干部贪污腐败，造成村民对村干部的工作普遍持不信任态度。这直接影响了确权工作的展开和结果的公信力。农地确权颁证事关村民长久权益，在这一工作中需要建立起确权颁证工作的有效监督机制和考核机制，以确保工作能够不打折扣地加以贯彻落实。

三是地方政府要成立专门的土地纠纷调解机构，妥善处理此次确权颁证中出现的各种问题。此次确权颁证的一个目的，是要消除农村地区的土地纠纷，为农业经营和农村治理的长期展开夯实基础。因此，在此次确权颁证中，不建议回避原来的土地纠纷或进行遮掩，需建立专门机构，进行积极应对。鉴于长期以来，一些地区的村民围绕土地四至不清问题纠纷不断的现状，建议结合此次确权颁证成立专门机构厘清各承包地块的四至，彻底解决围绕土地边界产生的各类纠纷。

四是建立专门的工作机制，落实女性权益保护。扎实推进确权颁证工作的核心之一，是确保成员权益的公平性。从各地试点情况看，在各类群体中，女性尤其是出嫁妇女的权益保护，是落实成员公平权益中最为薄弱的部分。由于当前大部分农村地区"嫁出去的女儿，泼出去的水"这一思想还极为普遍，嫁入地也因面临人地矛盾不愿给嫁入的女性分配土地，确权颁证中已婚女性权益不能得到保护的情况还相当多。鉴于此，需要成立或依托专门机构，建立起针对农地确权颁证中妇女权益保护的专项工作机制。同时，在工作考核中，建议把对女性权益保护落实情况作为确权颁证工作验收中的一项专项任务进行评估，以确保有关工作能够落实到位。

五是建立专项平台，对确权颁证后的土地流转和农业专业化经营等给予支持。调研发现，要使确权颁证能充分发挥在提升农民收入、促进农业现代经营模式形成中的潜力，还需要完善一些配套政策。首先，要建立规范的土地流转交易平台。在初期，可考虑以县为单位建立各地的土地流转交易中心，采用政府提供公共服务的方式，为土地流转的申请、测量、备案、更新等程序提供规范化的管理，并对流转中出现的问题进行归类分析，提出应对解决办法。在中后期，可考虑在更大范围内建立土地流转交易平台，完成供需双方的有效对接，实现土地流转市场的效益最大化。在平台建设中，需考虑配备资产评估、法律等专业人员，对土地承包经营权进行资产评估，协助农户进行抵押、借贷等活动，建立一支能够帮助农民合理有效地利用其土地资产的队伍，让农民在本轮土地改革中成为真正的受惠人。其次，对于流转大户，就农业技术和管理、市场营销、协议谈判等方面要提供支持，促进懂技术、精管理、通市场的现代新型农业经营主体的形成。在具体操作中，为提升培训质量，建议由政府组织农业大户参加农业技术专项培训，并以镇为单位组织考核。对于农产品销路，在发展初期，可考虑以县为单位组织同类流转大户建立联合营销机构，进行集体营销。同时，可考虑利用网络等新型模式，进行市场信息收集和产品推广。

六是工作中注重因地制宜。综合既有的试点经验，不难发现，各地由于地理、人口、历史、文化等诸多因素的影响，在进行确权颁证和土地流转中面临的具体情况有很大差别。同时，各地的经济社会发展水平，第二、三产业的发展状况等都影响着人们对土地的重视程度。产生的各类纠纷，虽有共性，但也有着很强的地方特点。鉴于此，对于确权颁证和之后的土地流转不易采用"一刀切"的方式进行，对于确权颁证中产生的纠纷，在坚持公平、公正和透明原则的前提下，也要坚持分类指导、"一村一策"和"一事一议"的做法。

七是尽快针对一些悬而未决的复杂问题展开专项研究，出台具体原则和解决办法。随着城镇化的进一步推进和农村人口持续外流，中国各地农村当前面临的人口状况和20世纪90年代相比发生了很大变化。时至今日，"增人不增地、减人不减地"的简单操作模式已不再适应中国一些农村地区的经济社会发展需要。对于此次确权颁证中尚未解决的诸如土地在何种情况下退出以及操作的具体办法，承包地的耕地面积是否应该进行定期调整等复杂问题，应尽快展开专题研究，在汇总全国情况的基础上，提出适应新的经济社会形势发展需要的政策。

中国发展研究基金会
"农村土地制度改革与基层治理"课题组

组　　长：卢　迈
副组长：崔　昕、方　晋
协调人：俞建拖
成　　员：冯文猛、冯明亮、刘　阳、
　　　　　秦婷婷、张延龙
执　　笔：冯文猛

农村土地承包经营权确权登记颁证执行情况调查评估

一 评估背景

　　以家庭承包经营为基础、统分结合的双层经营体制，是我国农村基本经营制度。在该制度下，农村土地所有权归集体，作为集体经济组织成员的家庭拥有土地承包经营权，这构成了我国农村土地制度的基本框架。改革开放伊始，这一制度调动了农民生产积极性，促进了农业增产增收，并在短时期内实现了农民大规模脱贫。2016年10月，中共中央办公厅、国务院办公厅印发的《关于完善农村土地所有权承包权经营权分置办法的意见》指出，"深化农村土地制度改革，顺应农民保留土地承包权、流转土地经营权的意愿，将土地承包经营权分为承包权和经营权，实行所有权、承包权、经营权分置并行"。"三权分置"是对家庭联产承包责任制的深化和创新。

　　20世纪90年代，伴随第一轮土地承包经营权到期，如何稳定农民与土地的关系成为中央农村政策的重中之重。随着市场化、工业化、城市化的推进，农村土地制度在实践中暴露出权利边界不明、层次不分、保障不力等问题。中央出台了一系列文件,[①] 要求与农民签订法律合同、向农民颁发承包经营权证书,以保护和强化农民对承包地的合法权益,促进农村生产要素灵活高效配置,促进城乡公平协调发展,为农民增收、农业产业化与现代化、农村建设奠定基础。从实际情况看,确权颁证工作在二轮延包期的前十年里进展缓慢。一方面,一些地方政府存在强烈的"土地财政"冲动,对于确权心存疑虑;另一方面,由于土地相关权益模糊且得不到保障,权益附加值不高,农民的积极性相对有限。土地权利不清和保障不足引起了诸多负面的经济社会问题,如城乡收入差距扩大、经济结构失衡、群体性事件频发等,制约了我国经济社会的健康稳定发展,迫切需要解决。

在此背景下,2009年农村土地承包经营权确权登记颁证试点工作分阶段在全国范围内逐步展开。第一阶段,2009年农业部在全国8省选择8村开展土地承包经营权确权登记颁证试点,以村组为单位探索整村推进。[②] 第二阶段,2011年至2013年,以乡镇为单位,六部委共同启动了28省50县市的第二批试点,包括广西壮族自治区象州县、吉林省白山市靖宇县等。第三阶段,十八届三中全会明确了"坚持农村土地集体所有权,依法维护农民土地承包经营权,发展壮大集体经济",确权试点不断扩大。2014年3月确权登记颁证工作首先在山东、四川、安徽三省全面启动,其余

---

① 1997年中央出台了《进一步稳定和完善农村土地承包关系的通知》,明确提出"延长土地承包期后,乡镇人民政府农业承包合同主管部门要及时向农户颁发由县或者县级以上人民政府统一印制的土地承包经营权证书",以稳定农心、稳定土地承包关系。2001年中央发出《关于做好农户承包地使用权流转工作的通知》,明确要求"按户签订承包经营合同,发放承包经营权证书"。2003年颁布执行的《农村土地承包法》,进一步以法律的形式强化了这一点。2008年十七届三中全会的改革决议以及多个中央一号文件也不断重申开展确权登记颁证工作的重要性。

② 首批8个试点村分别是:辽宁省清源县草市镇东大道村、吉林省靖宇县三道湖镇东沟村、江苏省海门市常乐镇颐生村、浙江省温岭市滨海镇新民村、安徽省肥东县石塘镇火龙村、山东省滕州市姜屯镇胡村、湖北省鄂州市鄂城区泽林镇泽林村、云南省弥勒县虹溪镇密纳村。

各省也各选一个县进行农村土地确权颁证方式点。第四阶段，2015年确权颁证工作继续扩大试点范围，江苏、江西、湖北、湖南、甘肃、宁夏、吉林、贵州、河南9个省份开展整省试点，其他省（区、市）根据本地情况，扩大开展以县为单位的整体试点。

为了深入了解承包地确权工作的实施进展与面临的问题，中国发展研究基金会成立了课题组并开展了专项调研评估。课题组于2015年6月开始了研究筹备和预调研，2015年10月底正式启动评估工作。课题组采用典型调查与问卷调查相结合的方法，考察各地确权颁证工作的机制和做法，评估确权工作的进展与面临的问题，分析确权对相关利益主体的影响，特别是农户对确权工作的认知和评价。本文旨在总结确权工作落实中的亮点和经验，发现政策执行中的缺失和不足，并有针对性地提出政策建议。

二 评估方法与研究思路

本文采用典型调查与问卷调查相结合的方式开展评估研究。典型调查在贵州、河北、安徽、山东共4省6地区展开，主要采取干部座谈会、实地走访农户等方式，旨在从较为宏观的层面把握不同类型的省份对确权政策的制定和落实情况，了解各地在确权过程中的典型问题、典型策略和典型经验，厘清确权过程中中央、地方、集体经济组织、农户以及各新型农业主体之间的关系。

此外，基金会对土地确权12个"整省推进"地区进行了村庄与家庭问卷调查。问卷调查重点关注村级层面确权工作的实施以及农民对确权工作的认知、参与和对未来土地权益的期待，从微观视角分析承包地确权进展和存在的问题。

（一）典型调查

1. 调查范围

基金会课题组在河北石家庄市鹿泉区，贵州遵义、湄潭、赫章三县，安徽凤阳以及山东诸城共4省6地进行了实地调研。调研选点既考虑了区域分布和经济水平，也考虑了各地在确权模式上的差异性和代表性。

课题组在中部选取了河北和安徽作为调查省份。其中，河北省石家庄市的鹿泉区是全国最早开展确权工作的试点之一，也是确权工作"图解法"的首创地。由于确权工作起步早，在鹿泉的调研便于对政策实施成效及问题进行全面考察。中部的安徽省既是农业大省，也是确权工作首批"整省推进"试点地区，此次调研的凤阳县小岗村是"大包干"政策的发源地，在确权过程中对多权同确、女性土地权益保障都做了探索，具有代表性。

课题组选择了贵州省作为西部地区的代表省份。贵州省自然条件较差，土地细碎严重，确权成本较高而地方可投入的配套资金有限，因而确权难度高，其所面临的情况在西南贫困地区有一定代表性。贵州的湄潭县是"增人不增地、减人不减地"政策的首创地，也是全国集体经营性建设用地入市的试点县，通过在湄潭的调研可以观察耕地与建设用地制度协同改革的推进情况与成效。除了湄潭县外，课题组还对经济条件相对较好的遵义县和国家级贫困县赫章的土地确权工作进行了调研。

东部的调研点则选取了山东省诸城市。诸城是基金会土地改革研究的固定观察点，基金会自2014年起就在诸城进行了多次土地确权工作调研。山东经济较为发达，是确权颁证工作"整省推进"的首批试点，诸城具有推进土地确权的有利条件，如土地分配调整历史清晰、资料完整，地处大平原，土地相对平整、界线明晰，适宜规模化经营，地方政府确权积极性较高。实地调研发现，诸城确权工作进展较快，确权证书在2016年1月前已经基本发放到户，并完成了第一宗以经营权证为抵押物的贷款流程，在诸城的调研有利于对土地确权的实际效果进行考察。

2. 调查方法

课题组在评估过程中，分别与省级、市级、县级确权工作相关部门进行座谈，了解地方各级政府确权工作的制度安排、模式选择、实施步骤、财政补贴情况以及确权工作相关部门的协调配合情况，以发现确权过程中的主要问题和面临的挑战。

除与政府部门座谈外，课题组还随机走访了农户，了解普通农民对确权政策的了解程度、知晓途径，对确权程序和结果的评价，并询问他们对稳定承包经营权、土地流转、土地有偿退出等政策的看法。此外，课题组还走访了村庄干部及村庄确权一线工作人员、土地流转大户、农业企业经营者等相关利益主体，了解他们对确权工作的看法，询问确权工作对他们生产经营情况的影响以及他们对确权工作的评价与展望。

（二）问卷调查

本次调研的调查问卷分为"村庄问卷"与"农户问卷"两种类型。采用多阶段分层随机抽样的方法确定受访对象，并利用农村大学生返乡的机会入户开展问卷调研。①

1. 抽样方法

问卷调查将12个"整省推进"省作为抽样的对象和总体，全部纳入抽样框，每省随机抽取6个县（市），共抽取72个县（市）。由于县级样本是随机抽取的，因此对样本县确权颁证的评估可以较好地反映总体的情况。完成县（市）抽样后，课题组招募相关县市在京大学生为访员，要求他们利用其春节假期回本籍的时间进行调研。

每位访员需完成1份村庄问卷（由村干部填答）和6份农户问卷（本村收入高、中、低家庭各2户）。问卷调查共回收有效村庄问卷65份，有效农户问卷386份。各省问卷回收情况见表1。

---

① 招聘返乡大学生开展调研，主要基于以下考虑。第一，访员没有语言障碍。第二，访员在当地拥有社会信任基础。问卷中的土地问题既是农民关心的话题，也是敏感度较高的话题，大学生的问卷对象是自己的乡亲朋友，双方容易建立信任关系，有助于获得农户真实的看法和评价。第三，访员具有丰富的地方知识，有助于挖掘问题的内涵以及正确理解受访者。

表 1　分省问卷回收情况统计

地区	省份	受访县市（区）	受访户数
东部	吉林	白山市浑江区、通化市集安市、辽源市龙山区、延边朝鲜自治州汪清县、松原市长岭县、延边朝鲜自治州龙井市	35
	江苏	连云港市灌云县、苏州市太仓市、泰州市姜堰区、常熟市、扬州市宝应县	34
	山东	滨州市邹平县、聊城市临清市、日照市五莲县、枣庄市滕州市	35
中部	湖北	襄阳市南漳县、武汉市新洲区、神农架林区、十堰市郧西县	23
	江西	赣州市信丰县、上饶市万年县、九江市星子县、萍乡市莲花县	30
	河南	商丘市虞城县、驻马店市泌阳县、安阳市林州市、焦作市武陟县、商丘市梁园县、周口市太康县	35
	湖南	湘潭市求唐县、怀化市苗族自治州、吉首市乾州县、长沙市宁乡县、常德市桃源县、常德市澧县	27
	安徽	六安市霍山县、阜阳市界首市、马鞍山市含山县、六安市金寨县、亳州市谯城县	29
西部	贵州	遵义市遵义县、苗族侗族自治州凯里市、贵阳市乌当区、安顺市普定县、布依族苗族自治州普安县、布依族苗族自治州贵定县	36
	甘肃	定西市通渭县、酒泉市敦煌市、嘉峪关市、平凉市崆峒县、白银市靖远县	29
	宁夏	中卫市海原县、固原市西吉县、银川市贺兰县、固原市海原县、吴忠市红寺堡县	37
	四川	攀枝花市盐边县、遂宁市蓬溪县、绵阳市三台县、泸州市合江县、凉山州喜德县、凉山州冕宁县	36
总计		62 个县 65 个村	386 户

注：部分省份因为访员中途退出，实际调查县（市/区）数量为 4 个或 5 个；部分县市在调研后，行政区域名称有改动，本文仍用原称。

2. 样本情况

（1）人口情况

受访 65 村分布于 12 个土地确权"整省推进"省，在地形上，山地、丘陵、平原各约占 1/3。受访的 386 户家庭共 1739 人，平均家庭规模为 4.51 人/户,① 高于全国农村平均水平,② 主要原因是本次抽样中家庭规模较大的中西部村庄占比较高。从职业来看,纯务农人口占 32.8%,兼业农民占 13.2%,打工人口占 20.3%,非体力劳动者占 5.0%,求学人员占 19.6%,退休人员占 2.2%,其他占 7.0%。从年龄来看,60 岁及以上人口占 17.22%,65 岁及以上人口占 11.40%,老龄化比例接近第六次人口普查的老龄化比例。③

纯务农人口中大部分是中老年人（年龄均值为 53.2 岁）,兼业农民总体上比纯务农人口年轻（年龄均值为 45.9 岁）,打工的多是青壮年人口（年龄均值为 35.0 岁）。从性别来看,纯务农人口中女性比男性多,打工人口中男性比女性多（见图 1）。受访农村家庭总人口中 36.7% 的人仍在种地,既包括纯务农人员也包括兼业农民。受访农户中,6.5% 的家庭无人种地,30.2% 的家庭有 1 人种地,而 63.3% 的家庭有 2 人或以上种地。农业仍是家庭重要的生计来源,土地在农民生活中发挥着重要作用。

（2）收入情况

受访农户 2015 年家庭总收入平均为 49360 元,家庭人均收入为 10945 元,与《2015 年国民经济和社会发展统计公报》中全国农村居民人均收入水平（10772 元）相当。从家庭收入的构成来

---

① 受访家庭的人口数从 1 人至 13 人不等,其中三口之家（占 18.7%）、四口之家（占 27.5%）、五口之家（占 21.2%）和六口之家（占 14.5%）居多,共占 81.9%。

② 根据国家卫计委 2015 年 5 月发布的《中国家庭发展报告（2015）》,农村家庭平均规模为 3.56 人。

③ "根据 1990 年和 2000 年人口普查数据计算,农村地区人口老龄化率 1990 年为 5.74%,2000 年为 7.16%。"（王桂新:《中国农村的老龄化到底有多严重,探索与争鸣》,http://www.rmlt.com.cn/2016/0202/416746_2.shtml,2016-4-25。）"六普"数据显示,2010 年我国农村人口中 60 岁及以上老龄人口占 14.98%（总人口中 60 岁及以上老龄人口占 13.32%）,65 岁及以上人口占 10.06%。

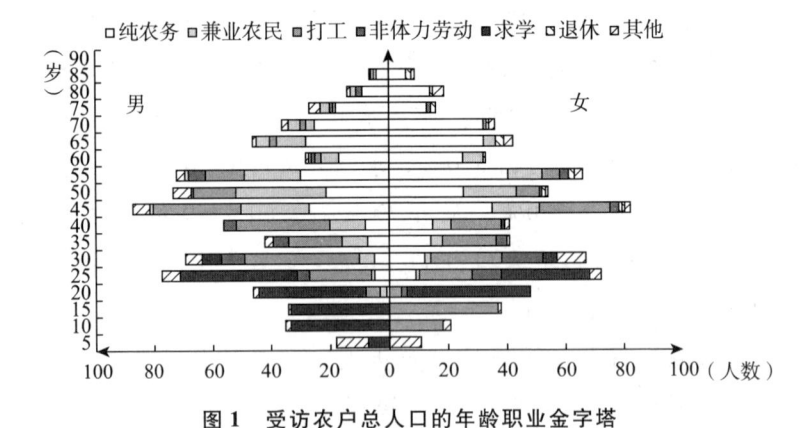

图 1　受访农户总人口的年龄职业金字塔

说明：横轴为人口数，纵轴为年龄组，图中标为5岁处即为［0，5］岁年龄组，以此类推。

看，打工、务农、工资、土地租赁、亲戚子女资助、政府补贴和其他各种收入的均值分别为 24903 元（占 50%）、11923 元（占 24%）、4962 元（占 10%）、445 元、754 元、968 元和 5406 元。与 2014 年"城乡一体化住户收支与生活状况调查"的数据[①]相比，受访农户打工收入占比较高，务农收入占比较低。

受访农户收入差异较大。收入最低的[②]家庭 2015 年收入不超过 1.2 万元（收入总和占所有家庭收入总和的 3.4%），较低的家庭为 1.2 万~2.3 万元，中等的家庭为 2.3 万~4 万元，较高的家庭为 4 万~7 万元，最高的家庭为 7 万~36.55 万元（收入总和占总体的 56.3%）。收入越低的家庭，务农收入占比越大，打工收入、工资收入占比越小。收入最低的家庭，务农收入占 51.2%，工资性收入[③]占 29.2%；收入最高的家庭，务农收入占 16.1%，

---

① 其中工资性收入为 4152.2 元（占 39.6%）、经营性收入为 4237.4 元（占 40.4%）、转移性收入为 222.1 元（占 2.1%）、财产性收入为 1877.2 元（占 17.9%）。
② 将受访农户 2015 年家庭总收入由低到高排列后，均分为五等份：最低、较低、中等、较高、最高。
③ 工资性收入为打工收入和企业单位工资收入之和。

工资性收入占 75.5%（见图 2）。此外，收入越低的家庭，政府补贴占比越高。

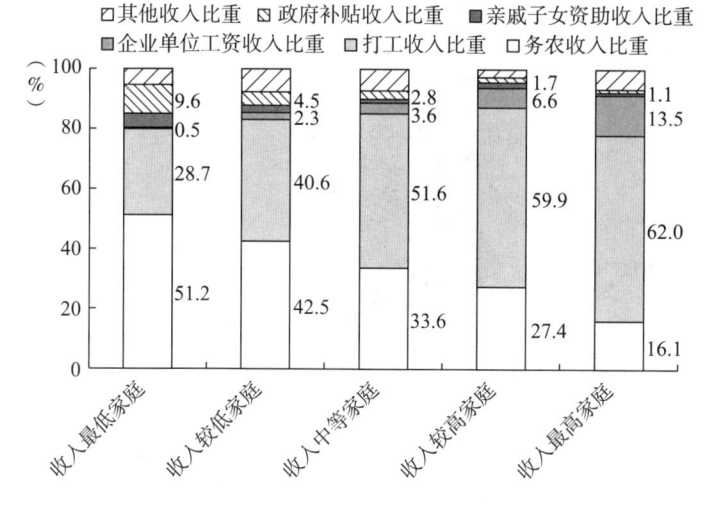

图 2 受访户的收入结构

（3）土地情况

受访家庭（有效填答数为 347 个）在二轮延包时共分得 1741 块 2302 亩地，平均每家分得 5 块 6.63 亩地，一块地的平均规模为 1.326 亩。分省来看，贵州、四川、江西三省承包地最为分散，宁夏、吉林的承包地最为集中（见图 3）。

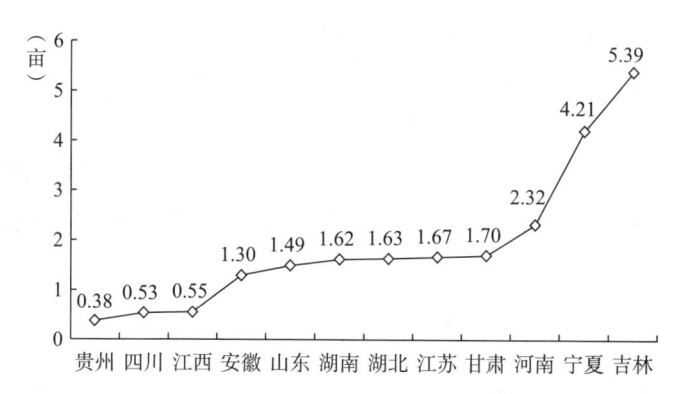

图 3 二轮延包时的地块规模

在全部有效受访农户中，18.6%的农户存在部分或全部撂荒现象。① 其中，12.8%的农户撂荒3亩以下，5.8%的农户撂荒3亩及以上（见图4）。撂荒总面积占受访农户二轮延包时所分得土地的10.4%。

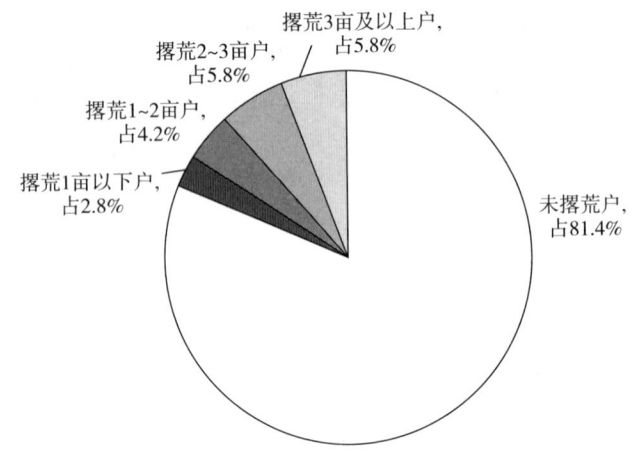

图4 受访户土地撂荒情况

三 确权登记颁证政策的执行情况

典型调查和问卷调查显示，在前期审批试点、总结经验的基础上，相关省市在土地确权工作中形成了有共性的操作机制和规范，同时也兼顾了本地的地情和土地制度的历史渊源。这种实施策略既坚持原则规范，又保持了灵活性，总体上确保了此轮确权颁证工作的顺利实施。从调查结果看，12个"整省推进"省工作进度总体符合预期，有望到2017年底实现预定的政策目标。

---

① 本文所计算的土地撂荒情况是指该农户未流入也未流出土地，但耕种的土地少于二轮延包时分得的土地。从实际情况来看，"撂荒"是指农户不在这块地上种庄稼，但一般会种树。

(一) 确权的工作机制

1. 组织领导

各县（市）在确权工作方案制订阶段基本建立了跨部门联合机构，以统一领导和推进确权工作。各地在确权中的组织结构相似，县级确权工作的领导核心为农村土地承包经营权确权登记颁证"领导小组"或"联席会议"，由政府主要负责人担任组长或会议召集人，统一协调确权工作。其他成员包括财政、国土、农业、档案、法制等十几个职能部门的负责人。各部门在统一领导下各司其职开展工作（见图5）。

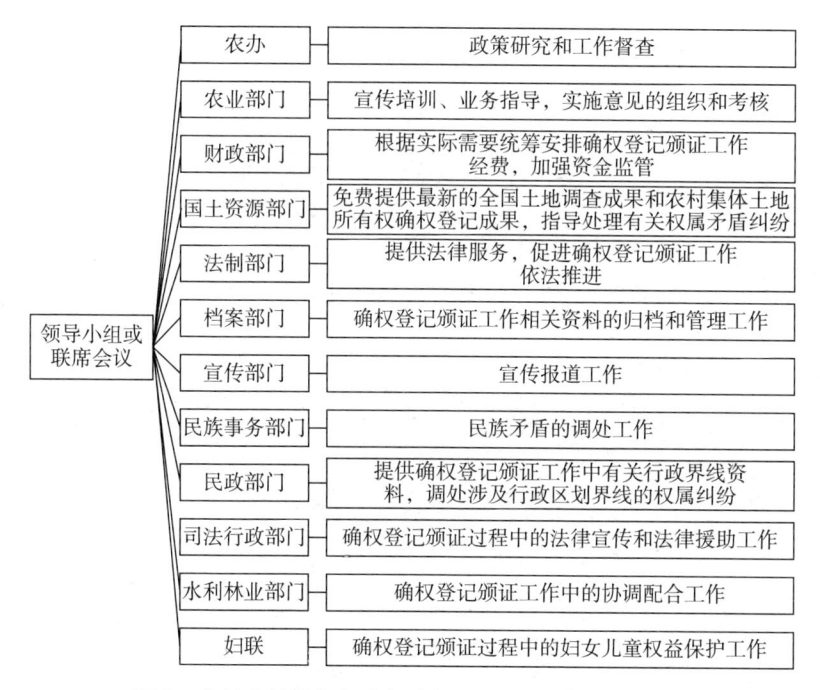

领导小组或联席会议	部门	职责
	农办	政策研究和工作督查
	农业部门	宣传培训、业务指导，实施意见的组织和考核
	财政部门	根据实际需要统筹安排确权登记颁证工作经费，加强资金监管
	国土资源部门	免费提供最新的全国土地调查成果和农村集体土地所有权确权登记成果，指导处理有关权属矛盾纠纷
	法制部门	提供法律服务，促进确权登记颁证工作依法推进
	档案部门	确权登记颁证工作相关资料的归档和管理工作
	宣传部门	宣传报道工作
	民族事务部门	民族矛盾的调处工作
	民政部门	提供确权登记颁证工作中有关行政界线资料，调处涉及行政区划界线的权属纠纷
	司法行政部门	确权登记颁证过程中的法律宣传和法律援助工作
	水利林业部门	确权登记颁证工作中的协调配合工作
	妇联	确权登记颁证过程中的妇女儿童权益保护工作

图5 农村土地承包经营权确权登记颁证工作组织结构

2. 制度规范

按照《中华人民共和国物权法》《中华人民共和国农村土地承包法》《中华人民共和国土地管理法》等法律规定，以及农业部等部委制定的相关规范和标准，各地在推进确权工作进程中，基本能够结合本省实际建立较详细的政策执行程序和规范,以指导确权工作开展,确保工作依法依规推进。表 2 展示了山东诸城在确权工作宣传动员、实施操作、成果验收和档案整理保存等阶段所依据的制度文件。

表 2 诸城市规范推进农村集体土地确权颁证工作

土地确权工作阶段	颁布文件	文件主要内容
宣传动员	国土资源部、财政部、农业部《关于加快推进农村集体土地确权登记发证工作的通知》	农村土地承包经营权确权登记颁证的法律法规和政策依据、意义、原则、目标任务、程序、要求和确权颁证的操作细节
	国土资源部、中央农村工作领导小组办公室、财政部、农业部《关于农村集体土地确权登记发证的若干意见》	
	《山东省农村土地承包经营权确权登记颁证工作有关法规政策问题解答》	
实施操作	《山东省农村集体土地确权登记发证工作实施方案》	农村集体土地确权的目标任务、技术路线、工作步骤、人员配备、测绘单位资质、工作成果汇总和保障措施
	《山东省农村集体土地确权登记发证工作规程》	
	《关于成立农村土地承包经营权确权登记颁证测绘技术专家组的通知》	
	《关于调整充实农村土地承包经营权确权登记颁证技术专家指导组的通知》	
	《关于实行农村土地承包经营权确权登记颁证工作情况双月报制度的通知》	
	《关于实行农村土地承包经营权确权登记颁证工作情况月报制度的通知》	
	《关于上报各地承担农村土地承包经营权调查勘测任务单位的通知》	
	《潍坊市农村集体土地确权登记发证和宗地统一编码工作实施方案》	
	《诸城市人民政府办公室关于认真开展农村土地承包经营权登记工作的意见》	
成果验收	《确权登记颁证成果检查验收办法》	确权登记结果检查验收单位和省级抽查验收条件
	《省级抽查验收方案》	

续表

土地确权工作阶段	颁布文件	文件主要内容
档案整理保存	《山东省农村土地承包经营权确权登记颁证档案整理规则》	农村土地承包经营权确权登记颁证档案的定义、归档范围与保管期限、分类和整理要求、归档要求和档案保管要求

3. 测绘透明度

土地测量及工作底图绘制是此轮确权工作中专业性最强、占用财政资金最大的环节。调研走访的山东、安徽、贵州等省在测绘合作单位选择过程中，均采取公开招投标形式，通过市场竞价方法优选合作方。这样做既符合市场规律，遏制了寻租腐败问题，又节约了财政资金。

表3 部分调研县的土地测绘招标情况

地区	发标日期	发标单位	中标企业	中标价格	实测面积
安徽凤阳	2014.04.30	凤阳县农业委员会	蚌埠市勘测设计研究院等五家单位	中标均价11.54元/亩	154万亩
贵州湄潭	2015.03.27	湄潭县农牧局	四川空间信息产业发展有限公司	2390万元	86万亩
贵州遵义	2015.09.08	遵义县农牧局	四川空间信息产业发展有限公司	961.92万元	—
山东坊子区	—	潍坊市统一招标	潍坊市勘察测绘研究院等七家公司	—	—

4. 信息应用平台建设

建立健全土地承包经营权信息应用平台具有重要意义：不仅可以实现对土地承包合同、登记簿和权属证书管理的信息化，方便群众查询和变更，还可以强化土地承包经营权确权登记成果的应用，加强中央与地方就农村土地信息的共享，促进土地抵押、流转和规模经营。实际中，由于资金不足、部门协调不畅、确权工作进度不统一等原因,土地承包经营权信息应用平台的建设工作尚未落实。截至调查时,大部分地区确权数据仍处于收集汇总上报阶段,后期数据统一管理单位及权限不明确,确权数据跨部门应用平台建设工作尚未启动。

平台建设落后,承包地权属信息变更不便,在一定程度上影响了农民正常的生产生活。调研发现,当农户发现确权证书上信息错漏或因分家等情况需要变更权利人信息时,既无法在新颁发的确权证书上标注,也无法对已经存档入库的政府相关数据进行调整,影响了农民宅基地申领、分户手续办理等工作的正常进度。

农户之间的土地流转主要为非正式的安排,缺乏明确的契约,并且没有在相关部门进行登记。农户问卷显示,受访户实际发生的土地流转以私下流转、口头协议、现金支付的方式为主。61.3%的农户采取了"口头协议,私下流转"的方式,"书面协议,私下流转"和"书面协议,政府平台流转"分别占17.1%和16.6%(见图6)。从付款方式看,76.4%的土地流转采用现金支付,包括一次性和分期现金结算,实物支付占比不足10%,此外,14.1%的土地流转是免费的(见图7)。农户之间私下的、口头的、经常变动的土地经营权流转,短期看操作成本低,但长期看易引发纠纷和矛盾。

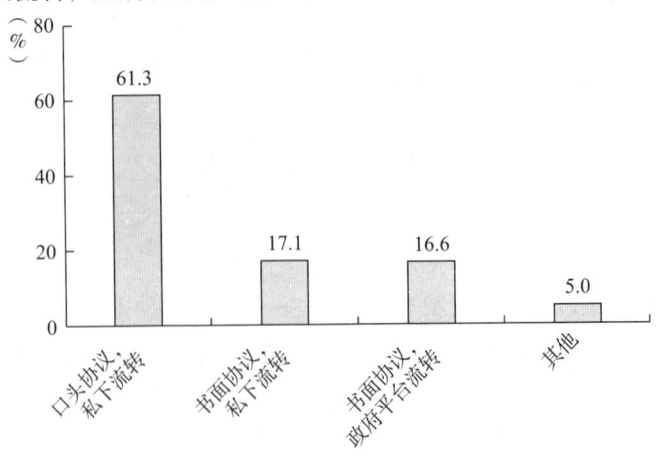

图6 受访户近期土地流转的方式

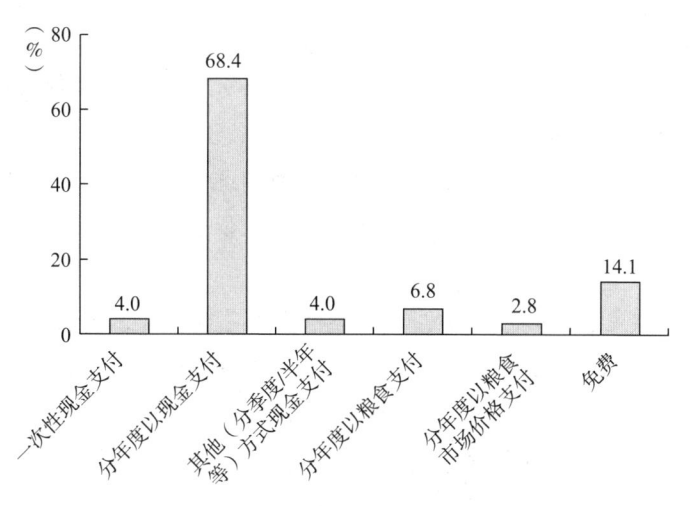

图7　受访户近期土地流转的付款方式

（横轴类别：一次性现金支付 4.0；分年度以现金支付 68.4；其他（分季度/半年等）方式现金支付 4.0；分年度以粮食支付 6.8；分年度以粮食市场价格支付 2.8；免费 14.1）

5. 督查与激励

督查与激励是本轮确权中确保工作规范、促进确权工作不断深化的动力之一。江苏省要求确权县（市）充分利用省级土地承包经营权信息应用平台，及时掌握工作动态，对发现的问题及速研究和解决；湖南永州明确土地确权工作实行"一周一调度，一周一通报，一月一督查"的工作机制，不断提升确权工作质量；安徽金寨等地区采用了行政奖补的激励措施，对按要求完成确权工作的乡镇予以资金奖补，未完成工作的乡镇则不予补助。

专栏1

安徽省《金寨县农村土地承包经营权确权登记颁证工作考核办法》

金寨县是安徽省20个农村土地承包经营权确权登记颁证"整县推进"试点县之一。2014年10月，县人民政府制定了《金寨县农村土地承包经营权确权登记颁证工作考核办法》。

办法规定："从颁证工作、时间进度、信息录入、档案建立、矛盾化解五个方面，对乡镇进行考核。考评实行百分制，得分85分以上的，每个乡镇奖补10万元工作经费，85分以下的不予奖补，对工作完成任务好的乡镇再评出一、二、三等奖，分别给予一定奖励。乡镇不能及时组织协调人员现场指界影响测绘公司测绘进度的，将按每推迟1天扣减考评0.5分进行处罚。"

截至2015年12月，金寨县已基本完成农村土地承包经营权确权登记颁证试点工作。全县共确权土地463565块487845.3亩，应参加确权登记户134109户，制证率100%，发证率98%，共建立县、乡、村三级档案165003卷。

6. 资金保障

本轮确权所需资金量较大。土地平整连片的山东、江苏等平原地区，确权成本约为30元/亩；贵州、湖南、安徽等地形较复杂、地块较细碎的地区，确权成本为35~42元/亩。资金是否充足和能否及时到位对确权工作的进度和质量影响较大。

调研了解到，中央政府承诺的10元/亩补助、各省级政府承诺的5~10元/亩补助基本能够按时拨付县级财政，并在管理中设立单独账户、专款专用；各地市级政府也根据财力拨付或者承诺拨付一定额度的专项资金，数额每亩2~8元不等。确权所需的其他资金主要由县级财政资金补足。

由于经济发展水平、产业结构、地理环境等差异较大，各试点县资金保障能力不同，贫困地区确权资金普遍存在缺口。如山东省诸城市与贵州省赫章县，确权面积相近而资金缺口有别（见表4）。诸城地处平原地区，多年位列全国百强县，2015年GDP总额为746.5亿元，约是赫章的7倍；实现财政总收入88亿元，约是赫章的9倍。主要由于地形差别，诸城确权资金需求总额比赫章少约1200万元。调研时，诸城基本完成了确权工作，而据赫章测算，除去中央财政10元/亩和省级财政5元/亩的补助外，市级财政由于能力薄弱没有进行确权补助，赫章县财政需配套确权资金3000多万元，由于资金缺口很大，难以按时保量完成工作目标。

表4　山东诸城市与贵州赫章县确权情况对比

	山东省诸城市	贵州省赫章县
2015年GDP总额（亿元）	746.5	112.06
2015年财政总收入（亿元）	88	9.74
耕地总面积（万亩）	156	147.03
地形概况	平原洼地，低山丘陵	山高坡陡，沟壑纵横
确权成本（元/亩）	30	40
确权投入需求总额（万元）	4680	5881.2

（二）确权模式差异

1. 确地、确股与确利

问卷调研发现，绝大部分受访村（占96.4%）在本轮确权工作中采取了"确地"的模式。它们在确权工作中主要针对承包地块面积不准、四至不清、空间位置不明、登记簿不健全等问题开展工作，政策目标明确为"确地到户"。

江苏苏州市、山东青岛市、广东东莞市和中山市等地区的部分县（市），根据耕地已经大规模流转统一经营的现实情况，采取了"确股"的模式。在这一模式下，农民不再拥有数量确切、四至清楚的土地，而是获得由集体资产、资源等量化计算出的股份，通过拥有的股份获得相应收益。"确股"将土地股权明确到户。

另外，问卷调研还在江苏太仓市双凤镇发现了"确利"的形式。这是一种不完全的"确股"方式，即土地被确权在"本村民小组内"，但没有到户。村集体土地不再由农户自己耕种，而是通过村集体经济组织统一流转，实现集中规模经营，收益统一纳入村（组）集体经济组织，由全体集体经济组织成员共享。

2. "单独确权"与"多权同确"

调研的大部分县（市）采用"单独确权"模式，即围绕承包地的承包经营权开展确权登记颁证工作。调研发现，基层干部认为单独确权的好处主要有以下三个方面：一是抓住了农业生产中农地这一核心，有利于聚焦主要目标；二是降低了工作复杂性，相对容易操作，避免引发涉地矛盾，有利于农村稳定和基层工作的开展；三是减少了人力需求，基层政府人力有限，法律等方面专业化人才支持不足。

调研中也有地方政府领导对"单独确权"表达了忧虑：一是单独确权的成本较高，承包地确权成本中测绘成本占比大，如果能在确权时统筹兼顾宅基地、集体建设用地以及其他农村公共用地的航拍和测绘，可以节省成本；二是从农村土地制度安排的长远考虑，对其他农村土地进行确权是大势所趋，晚确不如早确，未来农村经济发展了，确权所引起的矛盾会更尖锐；三是动态考虑农村各类土地之间的转化，宅基地、耕地、林地、集体建设用地、农村其他公共用地的形态并非一成不变，如果不统一确权，会引发一些投机和违规的行为；四是从生产要素和资源整合的角度考虑，只对承包地确权而其他土地权利未确，不利于通过市场对城乡要素进行优化配置，难以发挥优势要素的联动效应。譬如，承包地确权后，工商资本下乡可以较为放心地流转土地，但是因为其他土地权利未确，投资人不敢对其他必要的附属生产设施进行固定投资。

从实践来看，已有地区在确权登记工作中尝试探索"多权同确"。如安徽、山东、四川等省的部分地区，将承包地确权工作与农田水利确权、基本农田划定、林地确权、宅基地确权等工作有机结合、一并推进，取得了节约资金、提高效益、调动农民积极性等多重效益（见表5）。

表5 多权同确试点工作方式

地区	做法	意义
贵州省安顺市	七权同确：土地承包经营权、林权、集体土地所有权、集体建设用地使用权、房屋所有权、小型水利工程产权和农村集体财产权同确	节约改革成本，以农村产权制度改革为纽带，统筹推进其他产权制度改革，为"三变"改革奠定制度基础，盘活农村资源资产，带动整个农村改革
山东	与永久基本农田划定相结合	加快建立现代农村集体产权制度，全面推进农村集体各类产权确权颁证，实现农村所有耕地确权颁证全覆盖
四川省广元市	七权同确：农村土地承包经营权、集体土地所有权、建设用地使用权、林权、房屋所有权、小型水利工程产权和集体财产权同确	节约改革成本，以农村产权制度改革为纽带，统筹推进其他产权制度改革，从而推动整个农村改革不断深化
浙江省德清县	三权同确：农村土地（林地）承包经营权、宅基地用益物权、集体资产股权同确	作为推动农村产权制度改革的基础性工作，全力推进确权登记颁证，做到应确全确、完全完整
湖北省秭归县	三权同确：农村土地承包经营权、宅基地使用权和集体建设用地使用权同确	确铁权、颁铁证，减少重复劳动、降低确权成本，减少对基层群众的重复打扰等

*湖北省秭归县对同步推进各类确权进行了探索，颁发了《秭归县农村土地"三权"确权登记颁证试点工作实施方案》。

3. 权利主体认定

权利主体认定是土地确权登记颁证工作的关键环节之一。由于在承包关系调整上有不同的传统，各地在本次确权中对承包地权利主体的认定标准存在差异。

问卷调查发现，84.4%的受访村在二轮延包期间未进行土地调整，"增人不增地、减人不减地"的原则稳定了农村土地承包关系。在这一原则下，一些地方在确权时将二轮延包合同书中已去世的权利人继续确定为权利人（如江西赣州、宁夏中卫、四川遂宁、河南商丘、湖南吉首等地）。江西九江、贵州安顺、江苏扬州、安徽界首、湖南常德等地所辖的14个受访村，对在二轮延包结束后出生且在家庭户籍中的年轻人也予以确权。

15.6%的受访村在二轮延包期间调整过土地。在有些地方

（如浙江德清），传统上村民小组土地调整频繁，每隔 3~5 年就调整一次。在另一些地方（如山东诸城），由于在一、二轮承包时还留有部分机动地，村内调地的原则是"增人要增地、减人不减地"，直至村庄机动地分完为止。这些地方在确权时多将权利主体确认为最近一次调地时在世的全部家庭成员。

4. 确权面积认定

准确测量承包地面积、精确标识承包地位置是本轮土地确权登记颁证的核心目标之一。在承包地位置和面积的认定过程中，各地采取了不同的方法和手段。

（1）"实测认定"与否

村庄问卷显示，61.4% 的村庄在确权过程中，既请农民现场指认了自家土地边界，又实地丈量了土地面积，继而在两项外业作业基础上对农户的承包地进行精确确权；24.6% 的村庄仅指认土地边界，没有实地丈量；另有 14.0% 的村庄既没有现场指认边界也没有实地丈量（见图 8）。课题组发现，简化实地丈量过程的主要原因在于，一些村干部认为精确测量费力不讨好，不论新测面积增加还是减少，总会有村民不满。为了避免引发矛盾纠纷，一些村庄完全不进行测绘，或者只丈量较为集中连片的土地。

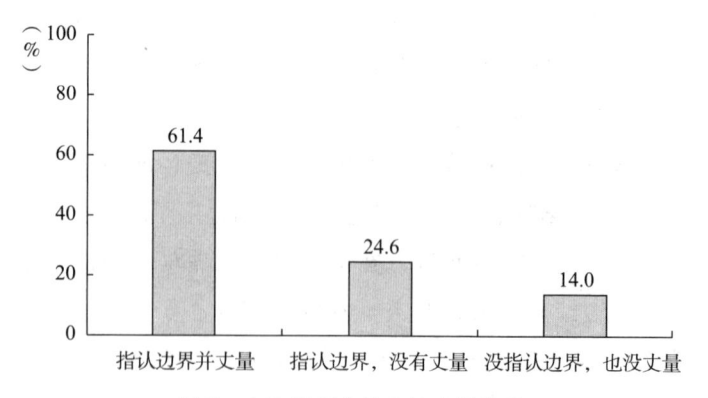

图 8 本次确权中的土地丈量情况

（2）确权面积认定

村庄问卷显示，51.2% 的村本次确权实测面积与二轮延包时面积基本一致，44.4%的村承包地面积增加，① 仅4.4%的村面积减少。在确权面积认定上，有几种代表性的做法：一是直接根据二轮延包面积认定权利面积，同时加注实测面积（如河北鹿泉）；二是根据实测面积认定权利面积，将农业直补标准均摊到新认定的面积上（如安徽小岗）；三是根据实测面积认定，并在重新签订的承包合同上注明二轮延包面积（如山东诸城）。

专栏2

河北鹿泉和山东诸城对确权面积认定的不同方法

"图解法"是河北鹿泉土地承包经营权确权登记工作的核心。所谓"图解法"，即确权登记沿用1998年二轮延包时完成的登记档案，不实地丈量，仅通过现代化技术手段，补充完善地块位置、四至等信息，农户享有的承包权利不变。也就是说，在鹿泉发放的确权证书上，会对二轮延包合同面积进行确权，并按照二轮延包合同制作"鱼鳞图"。

山东诸城的情况与鹿泉差别较大。1999年签订土地30年延包合同时，每个村庄都预留了大约5%的机动地，用以满足因人口变动而产生的耕地分配需求。直到近几年诸城仍有村庄在土地承包中存在5年一次的"小调整"现象。由于土地较为平整，诸城在本轮土地确权中确权面积与实测面积差距很小。部分二轮延包后的土地承包变动情况也在此次确权中得到认定，并体现在确权证书及"鱼鳞图"中。为了体现土地承包的延续性，二轮延包面积也被标注在证书上。

农户问卷显示，72.8%的农户二轮承包合同面积和本轮实测

---

① 面积增加的主要原因有：一是二轮延包时有些偏远和贫瘠地块折算的面积较小，二是测量不准确，三是农业税费较重的时期存在部分土地瞒报情况，四是农户占用了部分集体用地和新开荒地。

面积"基本一致",18.9%的农户实测面积多于二轮承包面积。[①] 对于多出的耕地面积,58.1%的村庄按照实际面积确权给耕种农户,37.2%的村庄在此轮确权中不处理(即按照二轮延包面积确权,在确权证书或新的承包合同中标注实测面积)(见图9)。对于实际测量土地面积减少的情况,[②] 部分地区作为遗留问题延后确权,其他地区按照实际丈量面积确权。

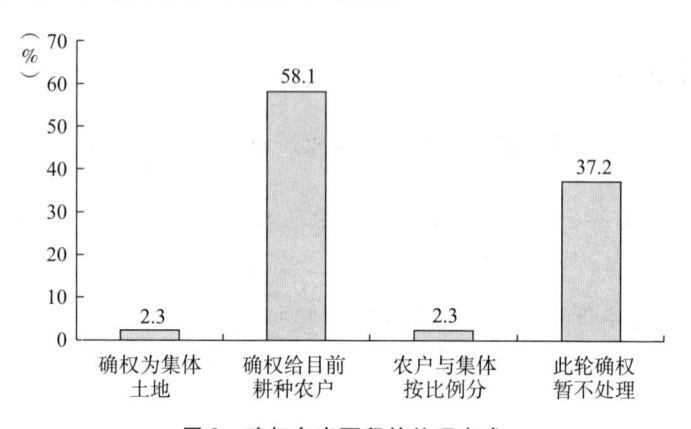

处理方式	比例(%)
确权为集体土地	2.3
确权给目前耕种农户	58.1
农户与集体按比例分	2.3
此轮确权暂不处理	37.2

图9 确权多出面积的处理方式

(三)确权试点进展情况

1. 总体情况

确权试点工作总体进展良好,进度符合甚至快于预期。村庄问卷显示,截至2016年1月,受访村中11.3%尚未开展确权,66.1%正在确权,22.6%已经完成确权。正在确权的村庄中,85%以上已经完成了成立工作小组、动员与宣讲、摸底调查和档案清查工作;近半数村庄尚未开展获取影像资料、实地丈量等工作(见图10)。

[①] 受访户承包地面积增加的原因主要有:占用土地周边的沟渠道路(占41.9%)、此次丈量更为准确(占37.2%)、开垦荒地(占14.0%)、二轮延包合同面积是估算面积(占14.0%)等。

[②] 受访户承包地面积减少的原因主要有:农户认为此次测量不准确(56.3%)、自然灭失(43.8%)、被相邻农户侵占(37.5%)和被村庄公共设施侵占(18.8%)等。

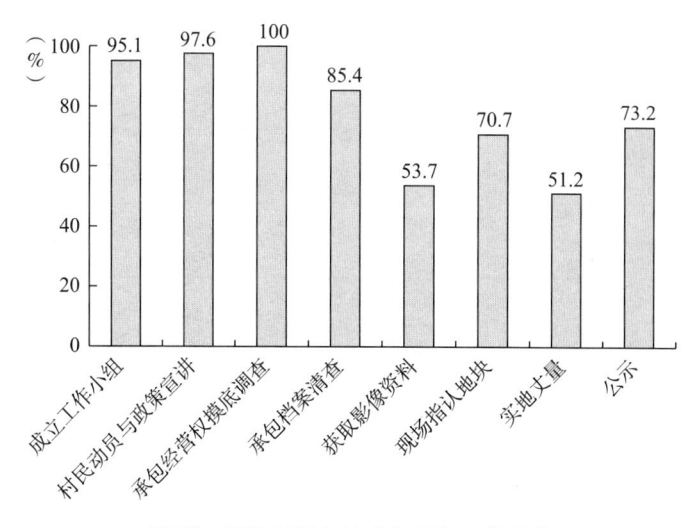

图中数据（从左到右）：成立工作小组 95.1，村民动员与政策宣讲 97.6，承包经营权摸底调查 100，承包档案清查 85.4，获取影像资料 53.7，现场指认地块 70.7，实地丈量 51.2，公示 73.2。

图 10　受访村承包地确权登记工作进度

2015年2月，全国有1988个县（市、区）1.3万个乡镇19.5万个村开展了土地承包经营权确权登记颁证试点，确权面积3.3亿亩。2016年11月，全国有2545个县（市、区）2.9万个乡镇49.2万个村开展了确权工作，确权面积7.5亿亩，接近农村家庭承包耕地面积的60%。多数省份按照中央部署，预计到2017年底全部完成确权颁证工作，山东、江苏等省有望提前完成（见表6）。

表6　12个土地确权"整省推进"试点的进度安排

省份	确权进度			
	2014年	2015年	2016年	2017年
安徽	完成20个试点县	新增65个县	完成22个县（市、区）	全部完成
湖北		完成第一批43个县（市、区）	全省基本完成	全部完成
湖南	完成3个试点县	完成22个县（市、区）外业调查	3月完成22个县（市、区）全部任务	全部完成
河南		完成4000万亩左右	基本完成	全部完成
江苏	完成16个试点县	全面开展	全部完成	

续表

省份	确权进度			
	2014 年	2015 年	2016 年	2017 年
宁夏	全面推进完成 800 多万亩	全省完成 90% 以上		
甘肃	完成 3 个县	完成 40% 县（市、区）	基本完成	全部完成
贵州		继续扩大整县整乡试点	全省完成 50%	全部完成
山东	全省完成 50% 以上	基本完成		
吉林		全省完成 30%		全部完成
江西	全省完成 80% 以上	上半年全部完成		
四川	55 个试点县基本完成	全省完成 75% 以上	全省完成 90% 以上	

2. 确权证书发放到户情况

村庄问卷显示的颁证率为 22.6%；村民问卷显示的颁证率为 11.2%（见图 11）。在村庄问卷中回答"颁证了"的村庄中，只有 45.2% 的村民实际拿到了确权证书。

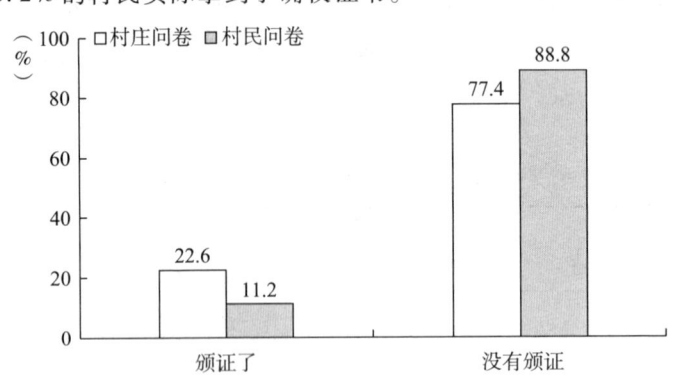

图 11 确权证书颁证情况

上述差异的原因主要有以下三个方面。一是由于年代久远、相关资料散失、土地边界标志物灭失等原因，一部分土地难以确权。二是土地调整引发了确权纠纷，少数每隔 3~5 年对土地进行调整的村庄中，部分农户对土地分配现状不认可，或担心确权影响新增人口分配土地而拒绝参与确权。三是城市化进程中不规范用地引发矛盾。伴随城市化和工业化的发展，部分耕地被私自转用为宅基地或者工商业用地，牵涉利益复杂，此次确权常选择延后处理。

除上述客观原因外，调研还发现部分村庄确权工作完成了、证书打印了，却没有发放到户。主要原因是村庄前期确权工作不扎实，相关矛盾解决不彻底，基层干部担心村民拿到确权证书后不满意，阻碍村里的土地流转等工作安排。

专栏3

发不下去的确权证书

安徽省A村某村民小组共有60多户220多口人，在二轮延包时共承包了376亩地，已全部完成确权，但村民尚未拿到自家的确权证书。调研组走访了村民小组组长，二轮延包时他家9人分得了22.5亩承包地，"（土地确权）证印好了，但没有发下来。不止我一家，整个村1046户的确权证书都没有下发，120多户有矛盾，证还在村书记手里"。在他看来，确权证书不下发的主要原因是怕引发矛盾。他以村里某户人家为例：老两口在二轮延包时分得10口人的地，他们共有4个儿子，大儿子家在此轮分得的土地多，3个弟弟均不满意，家庭内部矛盾很大。

在调研人员的说请下，一天下午，这位村民小组组长骑摩托车从村委会拿来了自家的确权证书，面积等一如前述。看完之后，他又把这个红本子还到村部，等待村里统一下发。

四 农民对确权工作的认知及评价

（一）农民对确权的评价总体积极

农户问卷显示，近60%的农民认为确权颁证政策的实施将为其带来诸多实惠。其中，确权后可放心增加土地投入（占39.6%）、土地流转后不怕收不回来（占36.7%）、可用确权证书申请抵押贷款（占22.8%）是农民比较具有共识性的认识。在这三个方面，村干部的看法更统一也更乐观，三个选项的回答率分别为70.2%、63.2%和68.4%（见图12）。

值得注意的是，部分受访村民在问卷选项之外，展望了确权颁证政策能带来的其他好处："土地边界清晰，减少纠纷"（7户）；"个人拥有土地所有权，土地确权证书相当于房产证"（7户）；"个人有权自由处置土地"（4户）；"征地谈判时更有保障"（4户）；"土地收入增加"（3户）；"保障农民权益"（4户）。这些回答虽然有部分认识误区，但答案的多样性在一定程度上体现了农民对确权政策的重视。

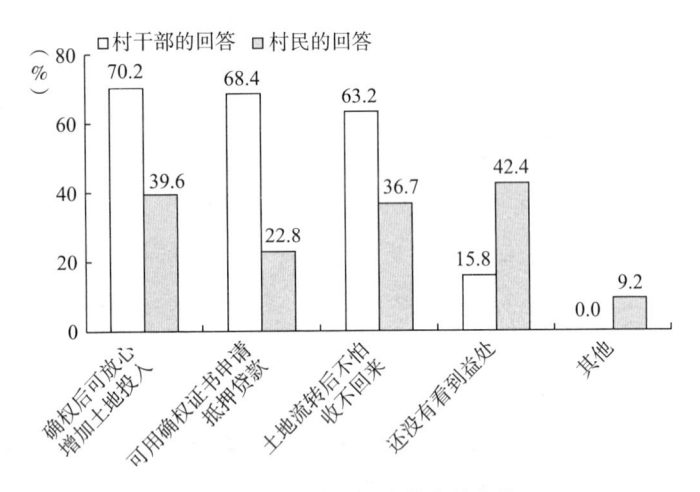

图12　土地确权可能带来的益处

（二）政策宣传与农民知晓度

1. 农民对确权政策的知晓情况

农户问卷显示，多数受访户（75.4%）表示知道"村里进行土地确权颁证"，约1/4的受访户不知道此事。在知道确权工作的农户中，有约近10%是在村庄组织承包土地测量、要求在确权相关文件上签字,甚至确权证书颁发到户时才知道该项政策的。这也反映出确权工作需要加强对农户的宣传动员。

2. 农民对确权工作的知晓途径

问卷调查显示,村干部宣传是村民知晓确权信息的最主要渠道,79.5%的受访户是通过村干部宣传得知确权工作的(见图13)。村干部一般通过组织会议、入户讲解等方式开展确权宣传。此外,部分试点地区还结合农民生活习惯,在"赶集日"集中开展确权宣传;或针对大量村民外出务工的情况,利用手机短信、打电话以及利用年节定向对返乡农民进行补充宣传。

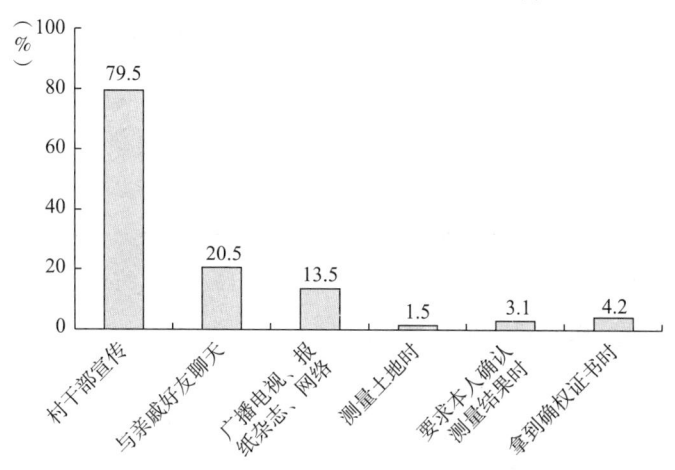

图13 村民了解确权的途径

3. 农民对确权宣传工作的评价

24.3%的受访农户认为确权颁证工作不需要改进,75.7%认为需要改进。农户对确权工作的意见集中在政策宣传不够深入、确权过程参与机会有限等方面。44.3%的受访户希望"政策宣传和讲解细致些",35.8%认为"参与机会少,意见表达不充分",13.2%认为确权"执行方案不太公平"(见图14)。

农户主动参与、积极配合是搞好土地确权的关键。确权工作宣传不足、农民参与有限的原因主要有以下两点。

第一,村内动员不充分。83.9%的受访村召开了1次以上确权

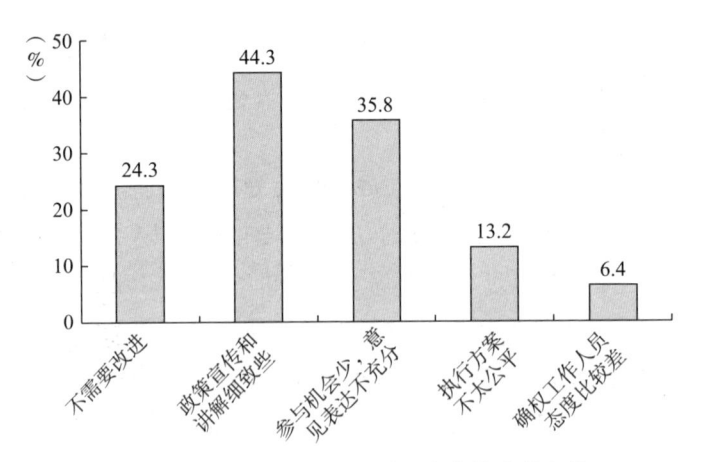

图 14 村民认为确权颁证过程中有待改进之处

动员会,但每户派人参加的情况只占 37.0%,多数确权宣传会议的主要参加人是村两委成员和村民代表(见图 15 和图 16)。事实上,由于不少村民代表外出务工,实际出席动员会的人数和会议效果进一步降低。部分村干部召集的确权动员会流于形式,农民的建议和意见易被忽视,确权宣传表现出较明显的单向特征,即农民成为"被告知"的对象。

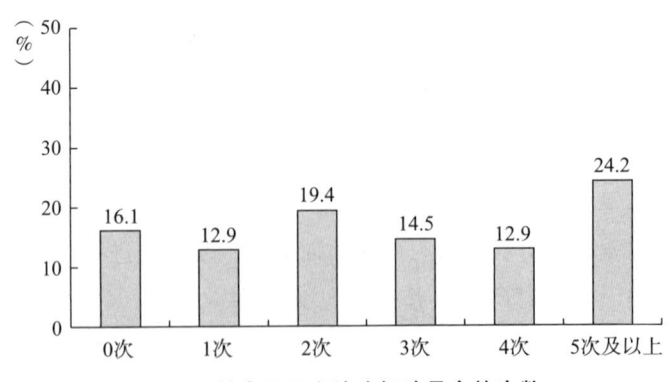

图 15 村庄召开土地确权动员会的次数

第二,留守农民受教育水平偏低,认识有限。问卷调查发现,受访村民对土地确权的知晓率与其受教育水平相关,受教育水平越高,确权知晓率越高(见图 17)。此次调查中受访者的受教育水平偏低,84.1% 的受访者受教育水平在初中及以下,46.3% 的受访

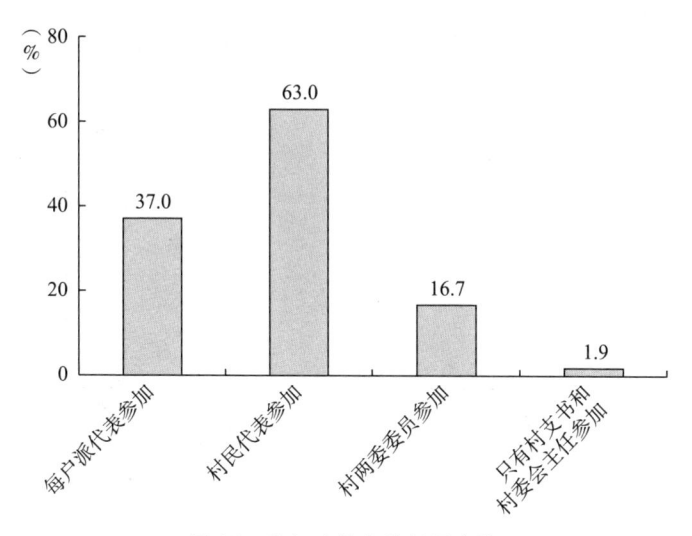

图 16　参加动员会的村民人数

者受教育水平在小学及以下。

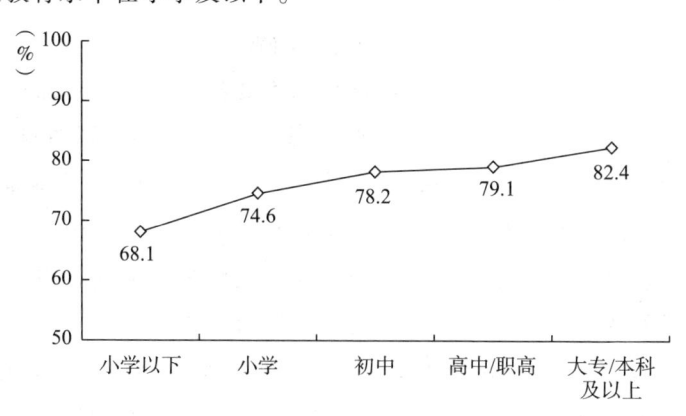

图 17　土地确权知晓率与教育水平的关系

(三) 确权矛盾化解与农民满意度

1. 确权工作中的主要矛盾

农户问卷显示,确权工作总体上扎实、有序、平稳。3/4 以上的受访者认为自家在土地确权中没遇到问题,24.6% 认为遇到了问题,主要表现在 "确权工作烦琐,占用大量劳动时间"(7.6%)、"确权面积和实际面积差别大"(14.6%)、"确权引起不少矛盾,影响邻里关系"(7.6%)(见图 18)。在农户反映比较集中的问题中，占用工时、面积差异等问题是确权中必然会发生的，可以通过有效的沟通来解决。

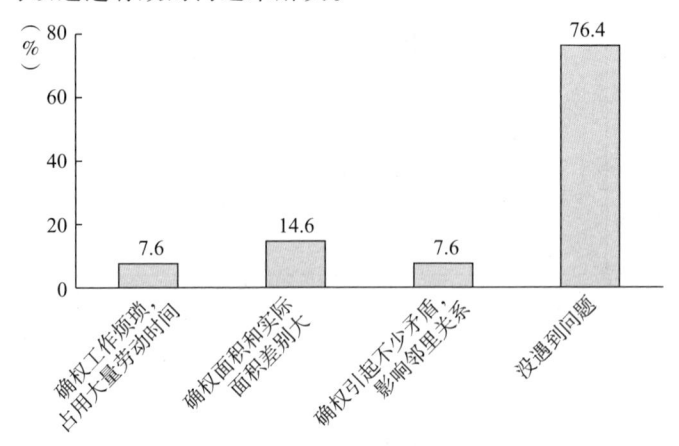

图 18　村民在确权中遇到的问题

2. 确权矛盾的处理

总体而言，确权工作并未引发之前普遍担心的社会稳定问题。村干部是确权工作推进和矛盾调处的主要执行者。对于确权中的矛盾，村民寄希望于在村庄内部得到解决。50.0%的受访户遇到确权问题时会"找村里反映情况"，另约半数村民认为改变很难而不做处理，选择向政府部门申述和找法院的村民很少（见图19）。[①] 村民总体上认可村干部在土地确权中的表现，认为村干部表现比较好和非常好的共占 46.6%，认为表现一般的占 39.9%，采取负面评价的仅占 13.6%（见图20）。在村庄确权矛盾调解中，老党员、老干部等组成的"五老会""诸葛亮会"等非正式组织也发挥着不

---

① 在土地确权证书颁发以前，《农村土地承包法》和农民二轮承包合同等是对农民承包经营权的有力保障。《农村土地承包法》第五十一条规定："因土地承包经营发生纠纷的，双方当事人可以通过协商解决，也可以请求村民委员会、乡（镇）人民政府等调解解决。当事人不愿协商、调解或者协商、调解不成的，可以向农村土地承包仲裁机构申请仲裁，也可以直接向人民法院起诉。"一些地方亦对土地权属争议出台了法规，例如《安徽省土地权属争议处理条例（2010年修正本）》第七条规定，"确定土地权属应当以土地登记证件为依据"。土地确权证书也应当成为确定土地权属的依据，但由于确权登记颁证政策正在实施过程中，尚未发现与此有关的判例。

可替代的作用。正式的及非正式的村庄自治组织协力合作，使确权工作中的矛盾在村庄内部得到一定解决。

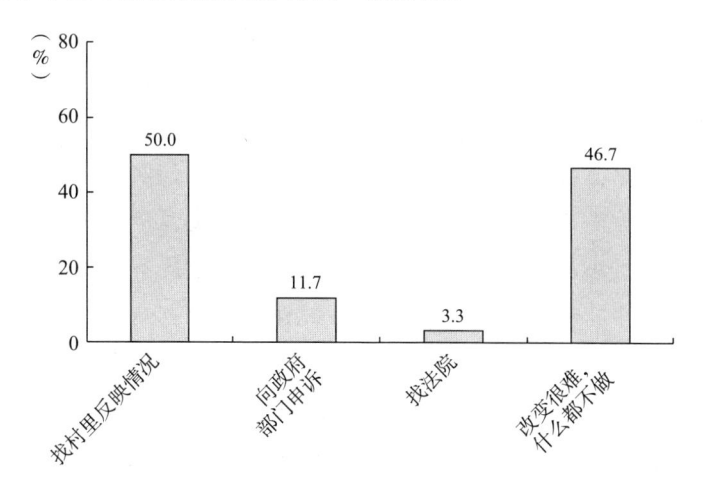

图19 村民确权中遇到问题如何解决

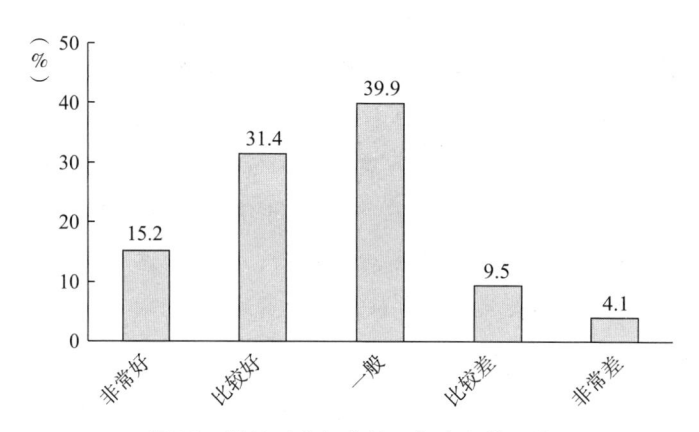

- 找村里反映情况: 50.0
- 向政府部门申诉: 11.7
- 找法院: 3.3
- 改变很难，什么都不做: 46.7

图20 村民对确权中村干部表现的评价

- 非常好: 15.2
- 比较好: 31.4
- 一般: 39.9
- 比较差: 9.5
- 非常差: 4.1

专栏4

"两头劝"：农村土地纠纷调解的一种"土方法"

村干部的调解是目前解决承包地纠纷的主要途径。研究组在安徽凤阳县的调研发现，截至2016年1月，凤阳县共受理承包地确权纠纷2045起，涉及土地面积1.5万亩，成功调处1585起，涉及法院仲裁的仅为25起。县农技站站长指出："农村涉及土地纠纷的人大多具有血缘关系，村里人一旦见官上了法院，那么亲戚就做不成了，所以一般能调解的就调解，纠纷实际演变为法律仲裁的非常少。"

土地确权纠纷中有不少"代耕"的情况。农技站站长指出，这主要是由于以往农业税费负担比较重，甲将自己的承包地给乙耕种，同时乙负责交税，但是税费改革尤其是确权与农业补贴相挂钩以后，甲想收回自己的承包地，而乙具有常年耕种事实。遇到这种情况，村里的调解一般采取"两头劝"的措施，比如对甲说："在2004年、2005年领粮食补助的时候你就没有领到钱，你就已经知道自己对这块地没有权利了，那时候为什么不去要地呢？"对乙说："甲为什么把地给你种不给别人种？还不是因为你们有亲戚关系。"调解的结果常是，乙还一部分地给甲，甲乙两人内部协商解决。

土地确权过程中，发挥村庄自治机制作用对解决纠纷意义重大。农村社会多是一种建基于人情关系的熟人社会，这种"两头劝"的方法将村庄内部的情理关系纳入考虑范围，不仅对农户之间的利益关系进行判断，同时也考虑到人际关系的弥合，因而是实际中常被采用的调解方法。

3. 农民对确权矛盾调处的满意度

尽管本轮确权并未引发大范围的矛盾，但农村社会长期存在的、错综复杂的土地纠纷依然存在。总体上，村民对确权过程中矛盾解决的满意度不高。表示"非常满意"和"比较满意"的受访户共占21.4%，表示"一般"的占32.9%，而表示"不太满意"和"很不满意"的共占45.7%。本轮确权并没有掀开矛盾的"盖子"，而更多的是选择了保持现状，避免矛盾激化（见图21）。

调研发现，较低的受教育水平和较高的年龄影响了村干部对

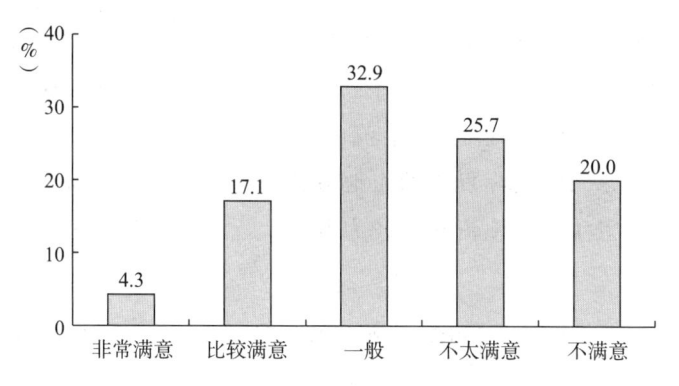

图 21 村民对确权过程中矛盾解决的满意度

确权矛盾的解决。从实际出发解决工作中的困难和问题是对村干部能力的重要考验，知识背景限制了村干部对确权政策的理解和转化。本次受访村干部多为初中（23.4%）和高中学历（34.4%），小学及以下的占 7.8%，只有 21.9% 为大专/职高学历。受访村干部的年龄集中于 41~50 岁（40.6%）和 51~60 岁（45.3%）两个年龄段，多是连选连任、长期管理村庄事务的干部，受多年沿袭的传统工作方式影响，他们在确权工作落实中往往会有所简化和取舍。

五 确权登记颁证政策的效果

（一）确权登记颁证与土地流转

1. 流转比例

农户问卷显示，53.6% 的受访户既未流入也未流出承包地，土地有流转的占 46.5%，其中"仅流出土地""仅流入土地""流入也流出"土地的占比分别为 26.3%、18.3% 和 1.9%（见图 22）。将此次调研与 2008 年中国农村土地使用权调查研究[1]对比发现：

---

[1] 叶剑平、丰雷等：《2008 年中国农村土地使用权调查研究——17 省份调查结果及政策建议》，《管理世界》2010 年第 1 期，第 67 页。

2016年，受访户中没有土地流转的比例下降了15.9个百分点，流出土地的比例提高了12.3个百分点，流入土地的比例提高了2.7个百分点，土地既有流入也有流出的比例提高了1个百分点。这表明，近年来农村实际发生的土地流转现象有较大幅度提升；目前农村实际发生的土地流转已较为普遍，近半数农村家庭有土地流转现象。①

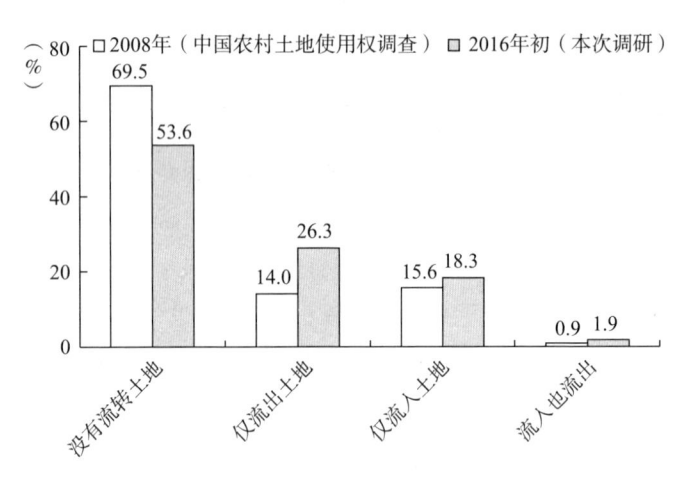

图 22 受访农户土地流转比例

不同省份受访农户的土地流转情况差异大。江苏省土地流转比例最高，83.3%的受访户进行了土地流转；湖南、贵州、四川、江西、吉林、湖北、甘肃7省受访户的土地流转比例为44%~55%；安徽、河南、宁夏、山东4省的土地流转比例较低，山东省只有23.3%的受访户流转了土地（见图23）。

从土地流转比例与2015年家庭收入关系来看，随着家庭年收入的提高，土地流转比例也逐渐提高，收入最低的家庭中

---

① 这一发现与刘守英的研究结论一致。刘守英指出："近年来，全国土地流转面积呈现较快增长趋势，土地流转面积明显增加。截至2014年底，全国家庭承包耕地流转总面积达到4.03亿亩，是2010年的2.16倍。农地流转的总面积占家庭承包经营耕地面积的30.32%，比2010年提高15.65个百分点。"见刘守英《中国农地权属与经营方式的变化》，http://www.drc.gov.cn/zjsd/20160219/4-4-2890166.htm。

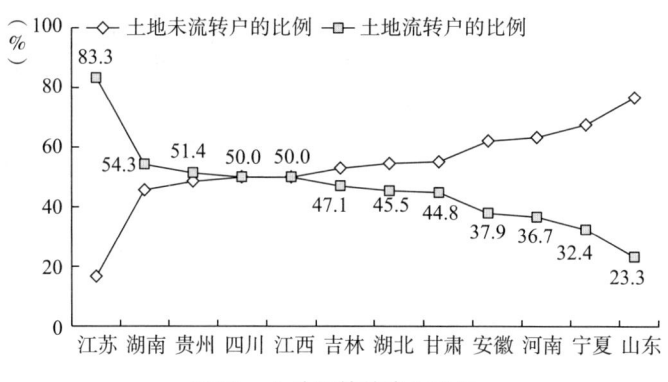

```
      100 ─◇─ 土地未流转户的比例 ─□─ 土地流转户的比例
(%)    83.3
       80
       60      54.3  51.4  50.0  50.0                            
       40            47.1  45.5  44.8  37.9  36.7  32.4  23.3
       20
        0
         江苏 湖南 贵州 四川 江西 吉林 湖北 甘肃 安徽 河南 宁夏 山东
```

图 23 土地流转的省际差异

39.1%进行了土地流转，收入最高的家庭中50.7%有土地流转（见图24）。①

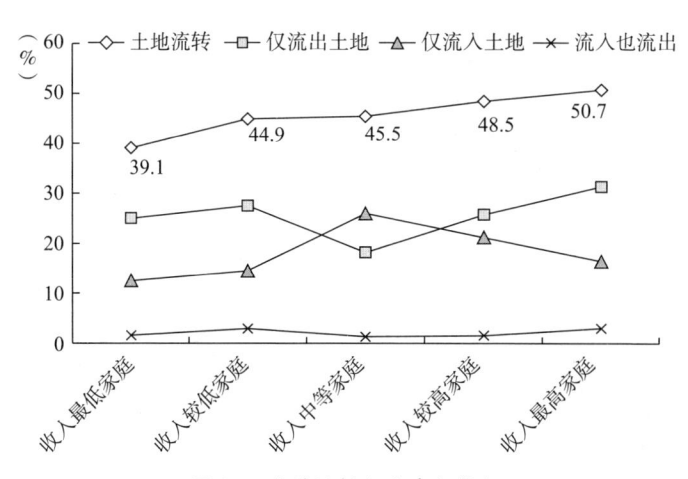

```
      60 ─◇─ 土地流转 ─□─ 仅流出土地 ─▲─ 仅流入土地 ─✕─ 流入也流出
(%)
       50                                            50.7
       40    39.1  44.9  45.5  48.5
       30
       20
       10
        0
          收入最低家庭 收入较低家庭 收入中等家庭 收入较高家庭 收入最高家庭
```

图 24 土地流转与家庭年收入

2. 流转土地/未流转土地的原因

受访户未流出土地的原因（见图25）主要有：69.5%的农户认为"务农是农民的老本行，没有其他活可干"，32.5%的受访户

---

① 需要特别注意的是，土地流转比例与家庭年收入是"相关"而非"因果"关系，它们共同受到家庭劳动力数量和质量、地区经济发展水平、土地市场发育程度等外在变量的潜在影响。

是由于"转出去比自己耕种土地的收入低",另有32.5%的受访户想转出土地但未找到合适的流转对象,14.9%的农户担心转出去后自己想种时难以收回或恢复(例如担心别人把地种坏了,地界模糊),也有一些农户回答说是土地少(8.4%)或已经被政府征收(1.3%)。

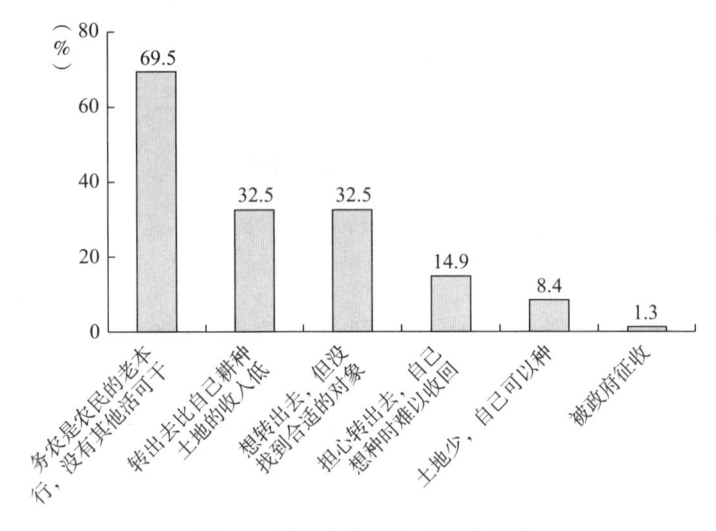

图25 受访户未流出土地的原因

从"流入土地的原因"来看,主要包括"家里劳动力多,多种地可以增加收入"(50.6%)、"给亲戚朋友帮忙"(26.0%)、"实行规模经营,创业致富"(20.8%)、"村里干部希望多包点地"(2.6%)。从"流出土地的原因"来看,首要原因是"土地流转后再打份工,增加家庭收益"(45.7%),其次是"种地太辛苦,收益太低"(25.7%),"村集体统一安排"的占22.9%,亦有16.4%的受访户是由于"年龄大,家中无劳动力"而转出土地。

农民的土地流转可分为自发流转和非自发流转两种方式。自发流转土地取决于劳动力与种地、打工之间的动态关系,农民自发地将劳动力在种地和打工之间进行分配,以换取整个家庭的最大收益。由于家庭生命周期和外部劳动力市场的变化,这种自发的土地流转

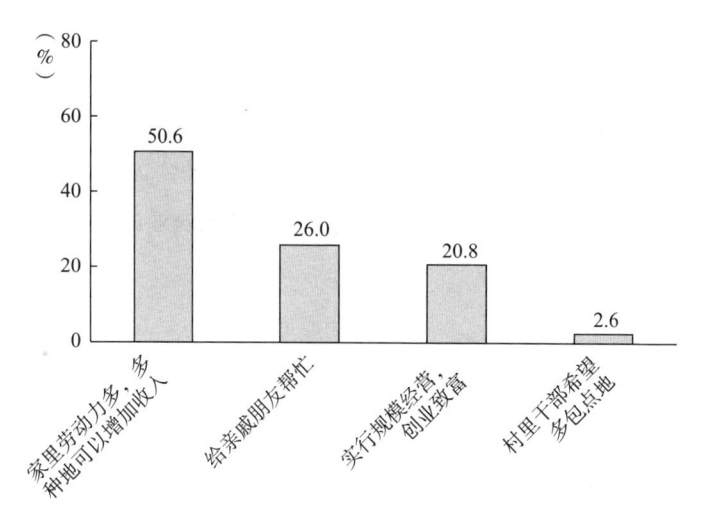

图 26　受访户流入土地的原因

家里劳动力多，多种地可以增加收入 50.6
给亲戚朋友帮忙 26.0
实行规模经营，创业致富 20.8
村里干部希望多包点地 2.6

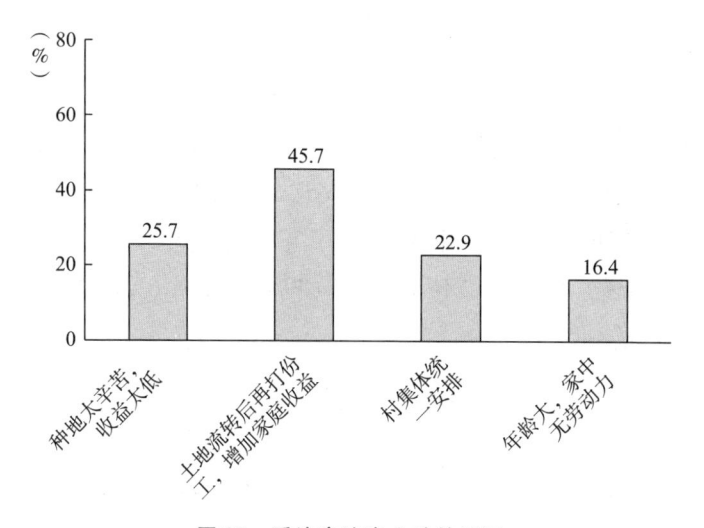

图 27　受访户流出土地的原因

种地太辛苦，收益太低 25.7
土地流转后再打份工，增加家庭收益 45.7
村集体统一安排 22.9
年龄大，家中无劳动力 16.4

常以短期的、口头的、非正式的为主，以便需要时能及时收回。非自发流转主要指"村集体统一安排"，而选择此项的受访者中，近1/4 在问卷中写明自己是不情愿的或被迫流转。土地确权颁证政策促进了土地流转，但也应注意避免在推进政策中采取激进举措。

3. 流入户的情况

土地流入户中，89.4%采取"家庭承包"的方式，即小规模地流转别户的土地来种植，采取合作社和家庭农场方式经营的分别占4.7%和5.9%（见图28）。从经营内容来看，90%以上经营的都是种植业，流转土地做"放牧/养殖业"以及休闲农业的很少。

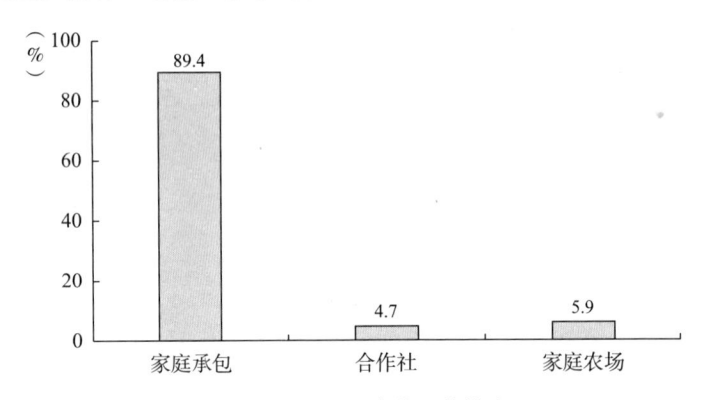

图28 土地流入户的经营模式

较多数流入户对去年的农业经营收入不够满意。从流入户对去年农业营收状况的满意度看，21.2%认为一般满意，认为"非常满意"的（5.9%）少于"非常不满意"（12.9%）的，认为"比较满意"（29.4%）的少于"不太满意"（30.6%）的（见图29）。

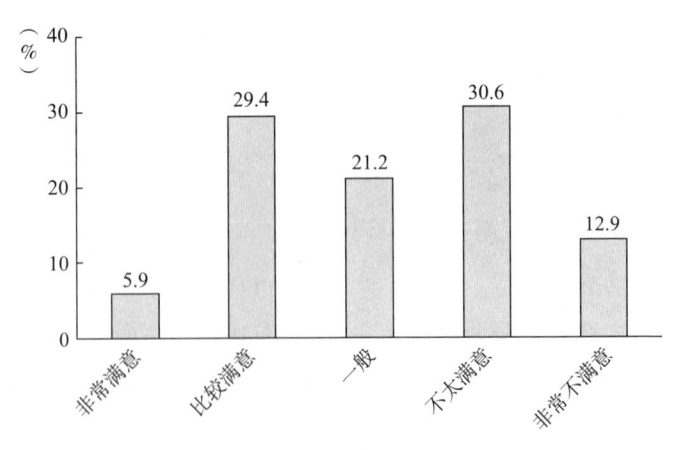

图29 流入户对去年农业经营收入的满意度

土地流入户对扩大生产规模的积极性有限。关于"今年打算如何提高土地经营效益"（见图30），64.2%的土地流入户寄希望于政府出台新的优惠政策，选择扩大规模的农户仅占16.4%，希望降低成本和提升技术以增加收益的分别占22.4%和34.3%。另有17.9%的流入户希望通过其他方式提升收益，包括种植收益较高的作物（药材、桑树等）、降低土地租金等。可见通过扩大规模而提高土地经营收入是农户较不认可的方式，由于受到成本、技术、天气等因素的影响，土地确权对土地流入方扩大流转规模的促进作用并不明显。农户主要将提高土地经营收益寄希望于政府的优惠政策。

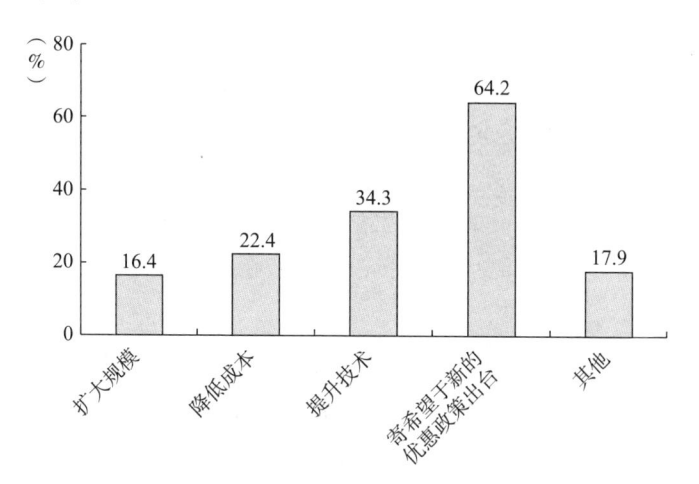

图30 土地流入户提高收益预计采用的方式

专栏5

一处家庭规模经营失败的例子

安徽凤阳小岗村李姓农户家共有7口人，是一个祖孙三代的联合大家庭，经济条件在当地属中上。户主夫妻共有三子，大儿子（已婚已育，小家庭常年在上海）、二女儿（出嫁）、小女儿（未嫁，随哥嫂在上海打工）。户主一家在二轮延包时共分得5块地，共5亩8分，此次确权一共确了6亩地，一直是自种自吃。户主年轻时在上海打工，六年前回家种地，农闲时做建筑工，户主妻子一直在家照顾孩子。由于年龄大了无法外出打工，夫妻二人于是响应村里的号召，多种地。

户主妻子说："我们就是包了邻居家的一点地。都出去打工了，也没人种。"她做主包的地，一共五六十亩。丈夫外出打工的那些年，她在家里不仅拉扯孩子，还管种地，自认是种地的"好把式"。加上家里还有一辆拖拉机，两口子认为能对付过来这么大片的土地。但不巧的是，赶上天气不好，"赔了不少钱"。

当问到"明年打算怎么办"时，她说："不包了，还给他们。不用给钱，粮食也不用给，他们本来也不种，我也没挣到钱。"这就是口头协议、私下流转的"包地"情况。这些地不纯粹是"邻居"家的，也有户主几个弟弟家里的。如果是种邻居家的地，多少要表示一下，比如按照当地习俗过年给每家送一箱酒。

农业受天气影响大，农民抗风险的能力低。李家夫妇和中国大多数农村家庭一样，把种地作为一种"糊口"经营，不仅是为了挣钱，而且是为了利用自己的劳动力。对于年老的他们来说：无力打工，又没有一技之长，只能种地。好在种的是亲戚家的地，顶多赔上本钱。

土地适度规模经营是提高土地使用率的重要方式，有利于农民财产性收入的增加。确权登记颁证工作扎实推进，从法律层面加强了对农民土地承包经营权的保护，提高了农民在土地流转中的自主权，使农民更放心地流转土地，也使投资方获得有稳定预期的经营权，进而有效地促进了土地流转和适度规模经营。

土地流转必须尊重和符合农民意愿。土地确权后，地方政府和村集体应明确定位，把重点放在提供农业生产所需要的配套公共服务上，充分提供信息，而不是替农民做主流转土地，更不能强迫农民流转土地。政府不应过多干涉农民私下间的土地流转，但应鼓励土地流转规范化（如制定规范的流转合同范本），保障流转双方的利益。

（二）确权登记颁证与抵押贷款

土地确权登记颁证在政策设计时，已预期了利用确权证书进行抵押贷款的情况。截至调查时，实际发生的抵押贷款案例不多，一些地方的"首例"或"首宗"抵押贷款常是政策示范性质的。例如，安徽省凤阳有40%的流转规模，最大流转面积近2000亩，大户的规模一般在500亩左右。对于流转方，凤阳设计了"流转经营权证"，可以用作抵押贷款。调研时全县共有2宗流转经营权证抵押案例，总计发放贷款1000万元。其中，首笔抵押贷款500万元于2014年6月发放给了金小岗农林科技产业发展有限公司，用于扩大生产经营规模。问卷调查发现，吉林省早期的农村土地经营权抵押贷款在延边朝鲜族自治州进行试点，农民无须实物抵押，以农村土地承包经营权证即可获得贷款。到2015年6月，吉林有32个县（市、区）开展了土地经营权抵押贷款，总额达2亿元。①

问卷调查显示，受访65个村中仅2个村有土地确权抵押贷款，22.8%的受访户认为土地确权证书可用作抵押贷款。村民对此事知晓率低，除了确权尚未完成和宣传不到位的原因外，更重要的原因是农户用确权证书进行抵押贷款存在现实困难。即使农户用土地权证抵押，对银行而言，更多的是对政策的响应，而不是看好土地抵押的价值。例如，浙江省湖州市规定，通过价值测

---

① 吉林省首笔抵押贷款于2014年8月发放给了延吉市朝阳川镇王德专业农场，贷款资金为45万元。2015年3月，吉林省梅河口市新合镇茂林村一位村民以农村土地承包经营权证为抵押申请了7万元贷款，成为吉林省首例农户个体申请到的抵押贷款，标志着吉林省农村土地经营权抵押贷款试点工作正式启动。

算,农村土地承包经营权证可以作为贷款抵押物,与农业设施、地面附着物(多年生植物)等一样进行测算,价值打七折抵押给银行。但在实际中,这样的抵押贷款常是"按照信用贷款来算,有抵押比没有抵押好;看重地面附着物价值,其价值也高于土地承包经营权价值"。据此,土地确权短期内对方便农民贷款的作用不大。

经营权抵押贷款实际发生数量少,但农户有贷款需求,如购买大型农机、盖房、结婚彩礼、买车等。调研发现,吉林省白山市河口村的一对年轻夫妇表示,农村抵押贷款非常难办,以往用自家农房抵押都贷不到款,如果这次土地确权证书能够抵押,将对他家的经济改善有很大帮助。不过当地一位银行从业者对此并不看好:农民靠天吃饭收入不稳定,当地土地本身价值就不高,流转不旺盛,确权证书抵押贷款的额度很低。

与直接向银行抵押贷款行不通相比,一些地方创新了贷款方式,例如通过新农村资金互助合作社获得贷款。凤阳大庙镇东陵村一位村民以 3000 元入股东陵村新农村资金互助合作社,另将自家的 5 亩地以 700 元/亩的价格流转给了该合作社,去年他顺利地在合作社贷款 1 万元给儿子买了车。

土地确权证书用作抵押贷款,可以增加农民对土地确权的重视程度,方便农民将土地变现。若要充分释放该政策的潜力,满足农民的抵押贷款需求,还应该加大宣传力度、提高农民的知晓率,同时制定配套措施,鼓励银行等机构接受以确权证书进行抵押贷款。目前看来,以土地确权证书进行抵押贷款还有很长的路要走。

(三)确权登记颁证与扶贫工作

1. 多数农户支持"增人不增地、减人不减地"政策

问卷分析显示,多数农户表达了稳定土地承包经营权的愿望。较多农户不希望在确权结束乃至二轮延包期结束后对承包土地重新分配。具体来说,53.9% 的农户明确表示不希望重新分地,

30.1%的农户希望重新分地,"无所谓"的占 16.1%。

此外,村庄土地调整历史对农民土地重分的期望有一定影响。比如在土地小规模调整较为普遍的山东,当听到确权后承包土地不再变动时,干部和农民的第一反应是,"那样太不公平了"。在个别村庄,是否有能力延续当地土地的"生增死减"规则甚至已成为村干部维持威信的标志。在二轮延包期间调整过承包地的村庄,有更高比例的村民希望重新分地(见表7)。①

表7 二轮延包调地与否与重新分地的期望

单位:%

	不希望重新分地	希望重新分地	无所谓	小计
二轮延包期间村里调过地	34.5	45.5	20.0	100
二轮延包期间村里没调过地	57.7	27.0	15.3	100

2. 低收入农户更期待稳定的土地权利

调研显示,受访户家庭年收入越低,越不希望重新分地。调研中,收入最低、较低、中等的家庭分别有 57.4%、60.3%、

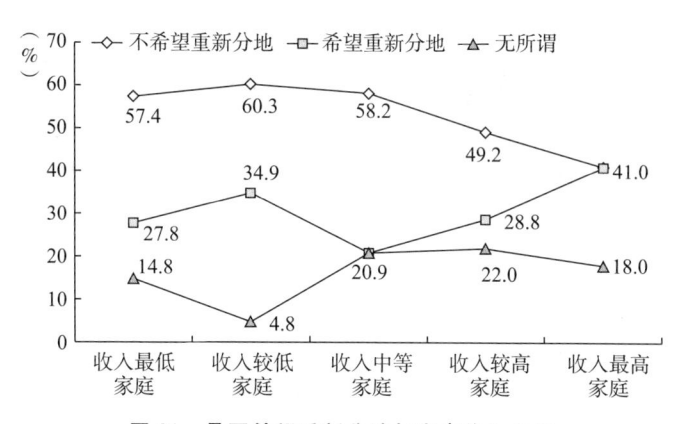

图31 是否希望重新分地与家庭收入水平

---

① 由于二轮延包期间大部分村庄没有调过地,总体来看,不希望重新分地的农户占多数。

58.2%不希望重新分地，这三类家庭中不希望重新分地的数量是希望重新分地的约2倍；而收入最高的家庭中只有41.0%不希望重新分地（见图31）。这说明收入越低的家庭对土地的依赖程度越高，越希望拥有稳定的土地权利。

（四）确权登记颁证与城镇化

《国家新型城镇化规划（2014-2020年）》预测，2020年我国常住人口城镇化率将达到60%左右，这意味着将有更多农村人口进入城市。尽管城市化让越来越多的农村劳动力离开了土地，约15%的受访户已经在城市购置了住房，但农民"离土离宅不离权"的心态非常普遍。

在回应举家迁往城市后承包地如何处理时，农户给出的答案由高到低依次为"积极流转土地并获取收益"（35.2%）、"让亲戚朋友代管"（20.5%）、"有偿交回集体"（20.5%）、"无偿交回集体"（13.8%）、"一直占有土地不做处理"（13.0%）。这表明，农民充分实现和行使其土地相关权益的意愿强烈。当进一步询问农户承包地继承问题时，71.7%的受访者认为落户城镇的子女应该享有继承权，7.7%的村民对此抱无所谓的态度（见图32）。即便二轮延包时村里调过地的农户，仍有接近70%认为应该由落户城镇的子女继承承包地（见图33）。

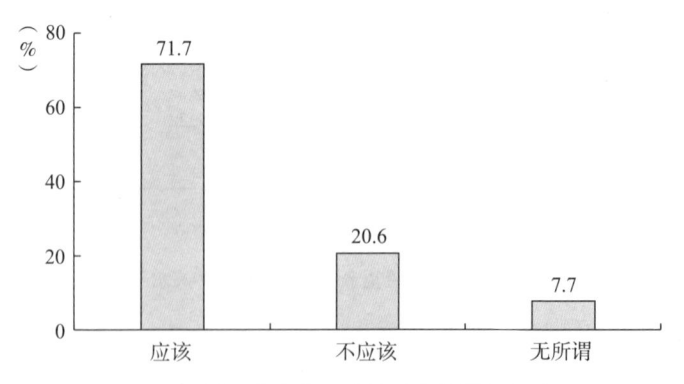

图32 是否应由落户城镇子女继承承包地

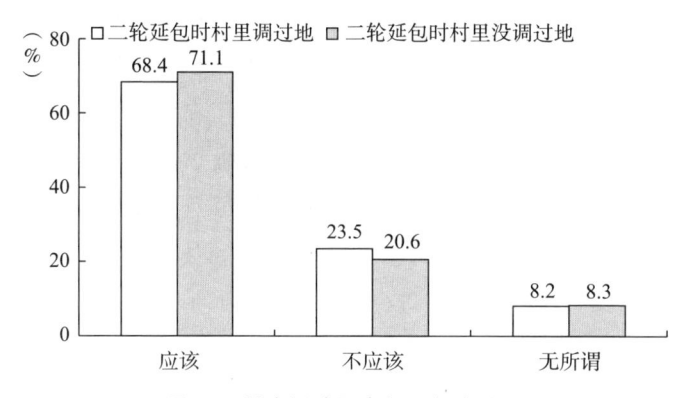

图33 村庄调地历史与承包地继承

六 小结与政策建议

农村土地承包经营权确权登记颁证梳理并清查了农村既有的土地关系，确认了农民对承包地占有、使用、收益和流转权能，为承包地"三权分置"奠定了基础；强化了对农民土地承包经营权的物权保护，稳定了农民与承包地的关系，提高了农民对土地收益的预期，增加了农民对土地权利的保护意识，为农民带着财产进城提供了有利条件；优化配置农村内部各要素，一定程度上促进了土地流转，为培育农业新型经营主体、发展适度规模经营和现代农业提供了保障。

从典型调研和问卷调查来看，与二轮延包的前十年相比，农村承包地确权登记颁证工作有了实质性的进展。此轮确权层次多样，在村级试点基础上逐渐扩大范围，总体进行得比较稳妥，没有突出的矛盾纠纷。在确权过程中，各地在组织协调、制度规范、宣传动员、招投标程序、经费保障等方面形成了比较规范且有共性的工作机制；各地在确权模式上有所差异，主要是因为各地的经济、社会传统不同。确权过程中，一些地方存在回避和掩盖矛盾的现象，这将制约未来土地相关权益的确认与流转。

农民对土地确权工作的评价总体上是积极的，期待土地权利能够稳定明确。村庄在宣传动员和矛盾纠纷处理中起到重要作用。但确权工作也暴露出一些问题，如部分村庄在工作开展过程中沟通不足、宣传不足、颁证不及时，农民对确权的重要性和必要性认识不足。此外，调研也发现，土地确权虽然有推动土地流转的作用，但是土地流转还受到生产经营成本和技术水平的制约，如果相关领域的改革没有跟进，仅靠确权推动流转，将难以达到预期。

综合调研情况，课题组对下一步完善确权登记颁证工作提出以下建议。

第一，确保农民对确权颁证的知情权和参与权。应向农民全面深入地宣传确权颁证的政策意图，鼓励农民在确权过程中积极参与，让更多农民充分了解确权政策的益处，使他们从确权政策被动的接受者变为主动的参与者。应根据农村劳动力大量进城务工的现状，在政策宣传方式上积极创新，扩大宣传面，提升宣传效果。

第二，充分发挥村民自治作用。确权工作是一种外部的制度供给，有别于村庄内生的制度安排，两者之间难免存在不适应的情况，操之过急易激化矛盾。对于农户内部、农户之间、集体与农户之间的利益纠纷，应主要依靠村庄内部协调解决。当村内自治机制调解无果或涉及违法犯罪时，再考虑仲裁或司法介入。建议让村内"五老人员"、知识精英和能人较早介入确权工作，借助他们的经验和威望形成更具操作性的确权方案。

第三，土地确权登记颁证是对农民土地权利的强化和保护，执行该政策不应以推进土地流转、促进土地抵押贷款为目标。谁来种地应该由农民决定，不可强迫农民流入或流出土地；土地流转价格应该由市场决定，不可通过行政手段强行给土地流转定价。

第四，在尊重各地确权模式多样性的前提下，中央需要对一些做法进行纠偏,将确权工作真正做实。目前,一些地方在操作过程中,确权面积和实际面积不一致,未来在流转或征地过程中容易产生矛盾。在全国已经大面积推开确权的情形下,中央需要对相关问题进行纠正。譬如,在四至清晰的地区将权利确到实际地块,与土地相关的其他附属权益(如粮食直补)在确权时均摊到实际面积上。

第五,积极推进多权同确。协同推进农村土地(林地)承包经营权、宅基地用益物权、集体资产股权等确权工作,不仅可以大幅节省成本,更重要的是,可促进城乡要素的自由流动和优化配置,发挥不同要素的协同集聚效应。

第六,完善土地所有权登记制度,加快建立不动产交易信息平台。完善对集体土地所有权、国有建设用地使用权及房屋所有权、宅基地使用权及房屋所有权等各种不动产权利的登记制度,结合"多权同确"的推进,建立统一的土地以及各类不动产交易信息平台,推动形成全国统一的不动产交易市场。

第七,调整和完善确权工作财政补助方式。要使承包经营权保护落实到每个农户,必须根据确权工作的实际情况调整财政补助金额,加大对农业大省及经济欠发达省份的财政支持力度,减少县级政府自行筹措的配套经费,更为精准地拨付财政资金。

第八,加快建设土地承包经营权信息应用平台。各地政府应充分认识信息应用平台对促进土地规范流转、方便群众信息查询和变更的重要作用。对于信息运用平台建设和维护的高额费用,财政资金应给予专项经费保障,减少地方政府的财政压力,确保数据库正常运行和及时更新。

第九,土地确权颁证有利于地权稳定,"增人不增地、减人不减地"政策是多数农户对地权的期望。在城市化不断推进的背景下,应当重视土地的"保障"功能,特别是对于农村老人、妇女、除种地外无其他劳动技能人口的保障作用。应加快推进土地确权试点工作,扩大"整省推进"试点的范围,鼓励各地方因地制宜地开展土地确权，督促各地颁铁证、确实权。

中国发展研究基金会
"农村土地制度改革与基层治理"课题组

组　　长：卢　迈
副组长：崔　昕、方　晋
协调人：俞建拖
成　　员：冯文猛、冯明亮、刘　阳、
　　　　　秦婷婷、张延龙
执　　笔：秦婷婷、刘　阳、俞建拖

土地确权登记颁证的国际比较经验

一 简介

自 20 世纪 80 年代开始,一些国家和发展机构积极倡导以法律形式确认土地权利,从而在发展中国家掀起了一场推行土地确权登记颁证的热潮(Lastarria-Cornheil,2007)。[①] 开展土地确权登记的主要依据是,社会各界认为有保障和可转让的土地权利是经济发展和扶贫的重要前提。

对个体土地所有者而言,土地确权登记不仅能够保障土地权利、简化土地交易,而且能提高获得信贷的能力,并且能增加土地在市场中的价值。对政府而言,土地确权登记是土地管理制度的重要组成部分,它不仅能促进土地利用规划,为发展高效的土地市场提供基本依据,而且能刺激经济,从而增加农业产量,并为土地税收打好基础。对社会而言,它能促进国家土地资源的和平、有序和明智的利用。因此,土地确权登记一直作为保护土地所有者土地产权的重要机制而不断发展,以确保实现两个明确目标:经济发展和扶贫(Mitchell,2007)。

---

① 根据作者的定义,"土地确权"是指正式确认土地权利,并颁发土地法律文件;"土地登记"是指建立并维护土地权利的公共登记制度。

二 土地确权登记的利弊

（一）土地确权与经济发展

土地权利正规化不仅有助于防止土地流失，而且对刺激经济发展至关重要。

首先，根据相关研究，有保障的土地产权有利于吸引长期投资，并由此提高农业生产力、增加农业产量（Deere & Leon, 2001）。农业生产力的可持续提高需要加大资本投资，以改进基础设施（如灌溉设施）。要提高生产力，需要利用新技术进行反复试验，而这种做法通常不会在特定年份产生实质性结果。年复一年的试验以及致力通过资本投资不断提高生产力，需要一个稳定和长期的时间跨度。保障土地权利对提高农民投资的积极性有重要影响。他们越认为自己能安全地拥有土地，就越可能进行长期资本投资，以此提高农业生产力，并增加收入（Stanfield, 1990）。

其次，农民要想获得或更多获得银行贷款，往往需要拥有合法的土地所有权。为从商业银行机构获得贷款，农民通常必须有能体现其财产所有权的合法土地文件，以作为贷款抵押担保凭证。没有合法的土地文件，银行通常不会轻易提供农业贷款或批准将土地作为抵押担保（Stanfield, 1990）。

土地确权与登记能以两种方式增加信贷的有效供给和需求：增加土地价值和增加能获得贷款的农民数量。得到法律确权的土地的市场价值往往会增加。有法定权属的土地比无法定权属的土地更易出售，人们愿意花更多的钱购买它。同样，因为法定权属有助于提高土地所有者的安全感，所有权人就会进行更长期的投资，这反过来也会增加土地价值。土地价值增加又能提高贷款额度，因为所有权人的土地产权升值，并且更易转售。此外，银行的利润也会增加，因为它可以扩大贷款人群，把拥有法定权属的土地所有人都囊括其中。土地确权了，银行能更安心地增加农业贷款，反过来，又能提高利息收入和银行业务的利润率。因此，增加拥有确权土地的农民的数量，信贷供给也会增加（Feder、Onchan、Chalamwong & Hongladarom，1988）。

再次，土地确权有望推动土地市场的发展。高效的土地市场同样需要有保障的土地产权，农民不愿租赁或购买无保障的土地产权。土地确权和登记提高了交易的透明度，并减少了由于土地产权不确定而带来的风险（Deere & Leon，2001）。土地产权有了保障，就能将土地权属作为一种可销售的商品，以此形成市场经济，因为市场经济要求生产要素能在土地所有者之间或使用者之间自由流转（Stanfield，1990）。

最后，有保障的土地产权还能带来环保收益。任何人确信自己能长期拥有一块土地的产权时，他们都会加强土地保护，从而减少土壤侵蚀或其他形式的环境破坏（Mitchell，2007）。

总之，有保障的土地产权可以鼓励农民对土地投资、增加信贷的供给和需求、增加土地价值和农民的资产组合、促进建立高效的土地市场、推动可持续的土地利用，从而最终促进经济发展。因此，如果政策目标是长期提高农业生产力，并有效管理农业领域的自然资源，那么与土地所有制有关的法律和政策就应更充分地保障农民的土地所有权（Falloux，1987）。

（二）土地确权与扶贫

土地确权还是一种有效的减贫方式。在颇有影响力的《资本的秘密》（2000年出版）一书中，秘鲁经济学家赫尔南多·德索托（Hernando de Soto）指出，穷人之所以穷，不是因为资产匮乏，而是因为缺少确认这些资产及其产生收益的正式权利。德索托认为，贫穷国家的穷人一直得不到正式的财产所有权是造成贫困的主要原因。根据这一理论，如果穷人获得有保障的土地产权，并能在市场中转让自己的土地所有权，他们的资产就会进一步升值，而且能采取重要措施以摆脱贫困，并提高自己的经济福利（Mitchell，2007）。根据这种观点，如果穷人想通过资本获益，他们的资产必须登记并纳入国家统一的产权体系（Sjaastad & Cousins, 2008）。

具体来说，如美国农村发展研究所（Landesa）的研究所示，正式确认土地权利能从以下几个方面让穷人获益（Mitchell, 2007）。

（1）它能为穷人提供保障，以防止土地被收回。土地确权和登记是国家对个人或集体土地产权有效性的正式认可，如果不给予适当的补偿，国家很难强制收回土地。

（2）它能减少纠纷。虽然确定土地产权的过程，包括划定边界，可能在邻里之间埋下冲突隐患，但只要确认了土地产权，并形成法律文件，就能缩小日后冲突的范围。

（3）它能提高生产并增加农业收入。土地产权有了更充分的保障后，农民自然会增加农耕投资，发展农业生产和多种经营，随着时间的推移，这势必会提高农业生产率，并增加农民收入。

（4）它能使穷人更方便地获得信贷。只有在土地产权已正式确定的情况下，贷款机构才允许将土地作为贷款的抵押担保。

（5）土地权利一经确认，农民就不用耗费时间来证明地是"我"的，他们就能将更多精力投入生产劳动中。

（6）如果土地产权可以转让，农民就能转让土地产权，收回投资，然后寻找其他能增收的机会。

（7）如果土地可以交易，提高土地产权的保障性，买方便可确信自己的收购无后顾之忧，土地的市场价值自然会水涨船高。

（8）穷人能从回暖的经济形势中获益。针对一般民众（即并非专门针对穷人）的土地产权登记能促进一般经济活动的发展，这会为社会全体成员（包括穷人）带来更多的就业机会和发展机遇，从而能使穷人获益。

但值得注意的是，土地确权和登记本身并不足以减少贫困。正如Sjaastad和Cousin指出的，真正需要做的是不断拓宽视野，深入认识贫困的复杂性及其成因，充分了解现行举措、本地民众的生计以及围绕土地产生的利益与冲突（Sjaastad & Cousin，2008）。

（三）土地确权与登记的弊端

土地的确权登记颁证并非灵丹良药，实际上，如果处理不当，它还会产生问题，甚至带来一些负面影响。

首先，以法律形式确认以前非正式的或习惯保有的土地权利有可能取消一些二级土地权利，其中包括妇女或季节性牧民赖以谋生的土地权利（Sjaastad & Cousins，2008）。势力大的人还可能利用它名正言顺地从社区公地或共有的家庭土地中谋取更多的专属权利（Haugerud，1983）。

其次，在某些情况下，确权颁证有可能导致精英阶层不惜牺牲贫困群体的利益，而大肆从事投机活动（Sjaastad & Cousins，2008）。在非洲一些国家，设计或管理不当的土地确权登记已导致当权者从贫困的乡村农户手中夺走土地（Atwood，1990）。在土地权益分配不公的条件下确立土地登记制度，极有可能出现严重的危险，使原本不确定的大地主们的土地权利得到进一步加强（Hanstad，1998）。

最后，如果在保障体系尚不完善、穷人收入还未增加的情况下借助土地确权登记来推动土地流转，可能导致土地过度集中和失地农民增多（Childress，2004）。除非为小土地所有者们提供充分保护、信贷支持、市场准入许可以及其他形式的帮助，否则他们很可能被迫甚至因上当而出售自己的土地，甚至放弃土地，而从中获益的往往是资金雄厚的财阀或有实力进行长期投资的实体（Thome，1971）。换句话说，穷人和未受过教育的农民毫无防范地进入不健全的土地市场，可能导致他们逐渐丧失土地。虽然研究表明，土地权利的可转让性日益增强，在加剧小农户失地方面的作用可能被夸大了，但这种威胁的确存在，在特定情况下，必须采取保护措施，以防止投机行为和土地掠夺导致小农户丧失土地权利，即使这种保护有违自由市场原则（Hanstad，1998）。

三 不同形式的土地登记制度

在西方国家，土地登记制度经历了一个漫长的演变过程。具体来说，它有两个主要功能：首先，公开土地现状（包括面积、位置、边界和用途）；其次，公开土地所有权人的变更信息和土地产权的现状（权利的确立、转让、变更和终止）以及土地的产权负担（抵押权或用益物权）。正是不动产权利的变化才使不动产登记显得尤为必要，而且非常有用。如果一个社会的不动产权利始终不变，或者关于不动产变化的实体规则不承认登记的作用，不动产登记就没什么价值了。换句话说，不动产登记之所以能存在并不断发展，是因为它明确指明了不动产权利的所有者，并能促进不动产权利的交易（Wu，Zhu & Prosterman，2014）。

目前有三种公认的土地登记制度：契据登记制、权属登记制和托伦斯登记制。下面简要介绍每种制度及其利弊。

（一）契据登记制

契据登记制是第一种成熟的土地登记制度，它起源于几百年前的欧洲国家。契据登记制是指对单独交易的契据文件本身进行登记。该契据是已发生的特定交易的证明；契据虽然在原则上可以显示，在法律上却不能证明交易参与方的合法权利。所以在任何交易稳妥达成以前，权利所有者必须提供可追溯的没有异议的所有权记录文件（Henssen，1995）。

美国农村发展研究所的研究报告总结出，这种登记制具有下列法律特征（Wu，Zhu & Prosterman，2014）。

（1）土地权利变更是在交易双方达成协议时生效的；变更登记只是一种记录，它不会对交易双方的实体权利产生决定性作用。

（2）法律并不要求强制登记，相反，是否登记由交易双方自行决定。

（3）登记申请只需接受形式审查；登记处只负责检查申请的

手续，即检查契据文件和手续的完整性。如果确认完整，它会根据契据内容在登记簿中录入新的条目。登记过程不会调查契据中主张的权利是否真实合法。

（4）登记数据并非不可取消，登记处不保证其法律效力；土地登记簿中只记录交易契据，不会发放产权证明。

（5）进行过变更登记的土地权利优先于未登记的权益。

（6）土地登记簿不仅记录不动产权利的现状，还记录随后的变更情况。

采用这种登记制的通常是以罗马法为主要依据的国家（欧洲的法国、西班牙、意大利、比利时、荷兰等）以及早期受到这些国家影响的国家（南美国家、部分北美国家、一些非洲和亚洲国家）。

在南非，土地登记制遵循的是《1937年契据登记法》（第47号法令），它是仿照罗马-荷兰法制定的，并在殖民时期实行，当时规定必须先转让土地，然后由法官和登记员记录所有交易。土地登记机关是一个公私合营机构，有私人产权转让律师和契据登记员。契据登记员负责确保土地交易可以登记，而且交易记录可以查询，并向公众发布通告。未经过测量总监核准的图纸，不允许进行记录。核准的图纸和登记的契据将作为产权的事实担保，并由产权转让律师和土地测量员提供专业保管。

在法国，若要对抗第三方，契据必须登记。这种登记主要是出于财政方面的考虑。因此，在土地登记簿和地籍簿中登记财产由经济财政工业部负责，并通过354个抵押贷款机构（土地登记办事处）和315个地籍办事处履行。公证人负责审查不动产买卖合同，认定合同是否符合法律要求，向土地登记办事处提交契据以供登记。私人测量员将绘制详细的测量平面图。地籍办事处会在验收前进行详细的检查。公证人须确保契据内容真实，土地登记办事处还须在行政管理上对契据的内容负责。

这种登记制的优点在于，不动产登记初期的工作相对简单、维护成本低，登记机构无须验证登记的契据。但这种登记制存在效率低下、产权无保障和费用高的问题（Hanstad，1998）。契据登记制无法提供关于土地权利的确凿证据，所以交易方不能完全依赖土地登记簿，以确定谁是产权所有者以及产权可能存在的抵押负担。他们通常需要求助律师或专业代理人，靠他们的专业意见评估登记信息的法律意义。在美国，通过办理私人"产权保险"可极大地减少契据登记制的不确定性，这种保险就是一种合同，如果产权所有者的产权被宣布无效，保险公司保证根据此合同，为登记的产权所有者因此蒙受的损失做出赔偿（Mitchell，2007）。如果银行需要为此交易提供贷款，它们一定会要求交易方办理此项保险。在这种制度下，政府其实是将调查不动产权的任务委派给了私人机构（律师、产权保险公司等）。因此，这些服务机构的发展程度决定了这种登记制的实际效果。所以，不但交易成本增加、工作效率降低，而且私人交易方（而非公共方）需要支付许多制度维护费用。此外，由于登记不是强制的，所以是否登记完全取决于受让人对登记收益的认识。如果有大量的不动产交易未登记，随着时间流逝，土地登记簿就会过期而且不完整，从而会损害整个制度的可持续性。许多发展中国家在推行契据登记制时，都遇到了此类问题。

（二）权属登记制

在权属登记制下，登记是确立不动产权利或不动产权利生效的前提条件。登记对象包括不动产权利本身、合法申请人的姓名、权利客体以及相关的限制和费用。政府官员负责核实已提交文件的法律效力，确保卖方将产权转让给买方，同时土地权利的灭失往往也需要登记。登记具有法律赋予的毋庸置疑的效力，第三方完全可以依赖，并且无须检查过户契据或其他合法有效的文件（Mitchell，2007）。

这种登记制具有下列法律特征（Wu, Zhu & Prosterman, 2014）。

（1）登记是权属变更生效的前提条件。登记是确保与不动产权相关的法律行为生效的基本前提，如果不登记，不动产权的取得、确立、遗失和变更均无法生效。因此，交易双方除了签订协议外，还必须进行法定登记，以确保不动产权的变更生效。

（2）登记申请需接受登记机构的实质性审查。登记机构有权对登记申请进行实质性审查。审查内容不仅包括规定的手续，还涉及产权变更的原因及其真实性、不动产边界以及与第三方之间的产权关系。如果未发现问题，即可办理登记。

（3）登记信息不可取消且真实可信。登记中确认的产权人是法律承认的合法产权所有者。公众能相信登记产权的真实性，而且登记产权的现状绝对有效。

（4）由于登记具有强制性，所以未登记的不动产权转让没有法律效力。

（5）如果因不动产权的登记错误，产权人蒙受损失，登记处必须予以赔偿。

权属登记制据信起源于中欧国家盛行的日耳曼文化。德国和瑞士是推行这种制度的典型国家。例如，在德国，土地登记是政府确保财产所有权的主要手段，而且已被纳入《德国宪法》第14（1）条。它明确阐明了不动产权利，并提供了一个确保这些权利的框架。设有公共登记机构，其职能是证明与土地有关的法律关系。不动产权的每次变更都需要在土地登记簿中登记，以确保变更生效。从法律意义上说，如果不办理登记，不动产将无法交易，也不可使用（Polten，2011）。土地登记簿由地方法院管理，相关不动产所在地的地方法院负责管理登记。

与目前所有基于契据登记的产权保护制度相比，权属登记制具有明显优势，它不仅使土地产权更可靠、更简单、更符合逻辑，而且维护费用更低（Hanstad，1998）。登记信息的不可取消性和真实可靠性为土地交易提供了极大的便利，而且减少了交易费用。相关交易方不必查阅其他文件或寻求专业服务，他们只需查看登记簿中的条目，就能确认不动产权的现状，而且只需登记产权变更，就能取得法律保护的财产权。此外，登记的强制性以及准确、权威和最新的登记信息确保了产权登记制的可持续性。这种登记制的缺点是，在制度建立之初，需要投入大量的人力和其他资源，以创建包含所有不动产信息的初始数据库（Wu, Zhu & Prosterman, 2014）。

（三）托伦斯登记制

托伦斯登记制由托伦斯爵士（Sir Robert Torrens）于1858年在南澳大利亚州创立，随后扩展到加拿大、新西兰、英国和马来西亚等国，它是一种允许契据登记和权属登记共存的体系，并由契据登记向权属登记过渡的权利登记形式。上述国家/地区在实行托伦斯登记制之前，一直推行契据登记制。但在契据登记制下，土地交易的不确定性和高成本，最终导致托伦斯登记制登上历史舞台，这种登记制让不动产交易更便捷，并能充分保护不动产权利（Wu, Zhu & Prosterman, 2014）。

作为一种独立的登记制度，托伦斯登记制承认契据登记制下的产权与未登记的不动产权利。这种登记制具有下列法律特征（Wu, Zhu & Prosterman, 2014）。

（1）不实行普遍的强制登记。并非所有地块都要在登记处登记，是否登记由相关的交易方自行决定。但只要在托伦斯登记制下登记不动产，登记就具有强制性。以后所有的土地转让或变更都必须登记，否则无法生效。

（2）产权变更须接受实质性审查，只有满足法定要求，才允许登记；在登记过程中，登记员必须按特定流程对登记申请进行实质性审查，并核实登记原因和证明文件，以确定不动产权利的准确无误。如果需要发布公告，必须在登记之前完成通知流程。

（3）登记之后的信息真实可信且具有法律效力，产权所有者及产权状态更明晰；登记的产权不可取消。法律保护善意第三方。

（4）向不动产权所有者发放产权证明，以在法律上承认其权利。

（5）权利登记不仅记录不动产权利，还记录任何产权负担（如抵押权和用益物权）。

（6）创建补偿基金，以赔偿产权所有者因错误登记（由登记员的过失或疏忽所致）蒙受的损失。

与权属登记制相比，托伦斯登记制代表着契据登记原则向产权登记原则转变的制度调整。它不仅保证了不动产登记的法律效力，而且与权属登记制完全相容，从而能促进契据登记制向权属登记制的平稳有序转变。

一个国家的历史条件、经济发展状况和法律传统决定了它会采用何种土地登记制度。每种制度都有自己的利弊。最重要和最本质的特征在于土地登记的真实可信性和不可取消性，它不仅决定了土地登记制的法律性质，而且会对包括制度创建、运作与应用、成本控制和纠纷解决在内的各类问题产生决定性影响。

四 正常运作的土地权利登记制的基础要素与基本原则

（一）土地登记制度的三个方面

在 Zevenbergen 看来，土地登记至少涉及三个方面：技术、法律和组织。它们相互影响，并共同发挥作用，从而确保土地登记正常运作（Zevenbergen，2002）。

1. 技术

技术方面的内容主要涉及土地测量和信息通信（ICT）。具体来说，它包括边界确定、数据存储、GIS 和数字网络。在一些国家，测量土地时人们使用传统的测量设备（卷尺、指南针或简单的经纬仪）和纸张（簿册和文件），在其他情况下，还可使用更先进的测量（航拍、GPS）设备和电脑存储与控制（管理系统、数据库和 GPS）设备。由于技术一直迅速发展，所以技术方面的内容也不断变化。因此，地籍制度的演变方式很大程度上取决于技术以及技术上可行的手段，而不取决于土地、法律和人力。

2. 法律

土地登记遵循的是相关的土地登记法律，它直接处理产权人与土地之间的法律关系，并将产权所有者、权益（产权）和地块联系在一起。产权所有者代表个人或群体，它回答的是"谁"的问题。地块代表土地的特定部分，它回答的是"哪里"和"多少"的问题。权益或产权代表特定的法律关系（所有权、租赁权、其他形式的保有权等），它回答的是"如何"的问题。必须正确和清楚地识别这三个主体中的每一个。换句话说，必须将这三个关键要素纳入土地登记制中，以确保正确记录法律认可的土地权利：产权人的姓名、地址和其他识别特征，产权人对地块拥有的特定权利和与地块边界及其位置（相对于其他地块）有关的空间数据。

此外，其他法律和法规也很重要，如与土地权利有关的法律，特别是与私法、所有权、占有权、契约、责任等有关的内容。另外，有关登记信息的具体法规也非常重要，如与对登记信息承担的法律责任、登记信息的版权以及信息登记人隐私相关的法律。

3. 组织

虽然土地登记机构的数量和它们之间准确的任务分工可能因国家而异，但参与土地登记的通常有多个组织，如政府机构、私人事务所、政府或特许测量机构、公证处等。这些组织机构的协同配合对土地登记制度的高效运作至关重要。

（二）完善的土地登记制度的特征

总的来说，土地登记的具体效用，关键是登记的"时效性、准确性、完整性和便利性"。同时，越是面向使用者、为使用者服务，具体效用就越大（Dale & McLaughlin, 1988）。为此，完善的土地登记制度应拥有一些得到广泛认可的特征（Mitchell, 2007）。

1. 清晰性和简明性

这两者对土地登记制度的高效运作至关重要。这种制度不仅要易于运作，而且要便于公众理解和使用。所以必须使用简单的形式，处理流程必须直截了当。公众要能准确理解制度存在的原因以及它有什么好处，这样才能促进制度的推广应用。简明性还有利于降低成本、实现公平准入和维护制度。

2. 准确性和安全性

土地登记必须包含准确和完整的信息。所有土地的记录必须完整准确，每个单独地块的记录必须体现土地截至当时的实际状态。还应采取措施，通过重复存储记录避免灾难性的破坏，并严格控制以确保未授权的人员无法破坏或更改信息，从而提高制度的安全性。

3. 及时性

土地登记应及时提供最新信息，并能即刻处理交易。如果制度允许登记官员推迟交易，就会使这种制度的效用性在公众心里大打折扣。此外，如果制度允许推迟处理大量交易，同时又允许官员快速处理一部分交易，就为腐败行为提供了机会。

4. 便利性

尽管有这样那样的文化因素、法律限制和隐私考量，但土地登记制度还是应该让公众能够有效方便地使用登记体系。

5. 低成本

制度的成本必须与本地居民的生活标准成本和登记产权的市场价值一致。如果登记费用太高，公众可能会想方设法地避免正式登记权益的转让，而选择非正式的交易方法。这种非正式的交易会将公众置于十分危险的境地，甚至会导致产权登记无法体现对土地的实际占有。

6. 环境适宜性

土地登记体系必须在合理的时间期限内创建完毕，同时还必须有整套措施，保证随时间的推移，信息能及时更新，登记体系能妥善维护。换句话说，组织与管理、流程和技术以及所需的教育和专业水平，都应达到当地的要求。关键是什么样的土地登记制度切实可行，而这一问题显然取决于现有的资金、人力和专业技能。如果国家预算和潜在用户都无法承担创建或运行费用，盲目引入一种可以满足多种需求的复杂体系显然不合时宜。

（三） 土地登记体系的维护和可持续性

土地登记簿的价值很大程度上取决于日常维护（Hanstad，1998）。土地登记体系创建之后的维护是一项确保其高效运作的长期工作。

1. 培训和教育

土地登记制的维护和高效运作需要操作人员经过正式培训，同时具有丰富的实践经验。因此，发展中国家需要对负责土地登记体系运行的人员进行必要的培训。由世界银行支持的针对13个发展中国家土地确权登记情况进行的一项研究表明，员工培训是这些项目的重要组成部分，其支出占项目总费用的近5%（Holstein，1996）。此类培训是土地确权和登记项目的关键要素，包括理解测量技术、管理技能、登记信息的本质等。此外，还需要对所有员工进行在职培训，因为初始培训时传授的知识总会落后于发展的需求。登记体系是不断发展的，这不仅要求技术水平的提高，还要求在行政和土地管理层面改变观念和优化处理流程。

2. 推广

土地产权初始登记后，土地所有者、土地产权和地块会因为流转而发生变化。如果初始登记后，这些变更不能保持最新状态，登记制度很快就会过时，而且将毫无用处。因此，必须倡导申请人使用这种制度，以便及时更新与其土地产权有关的变更，从而使土地登记制度保持活力。换句话说，公众必须意识到，他们需要这种制度，而且需要支持创建这种制度，还要使用和依靠土地登记以及它所提供的信息（Zevenbergen，2004）。

许多国家的实践表明，普及土地登记及其效益的知识有助于加强对土地登记的理解和信任，从而鼓励权利人使用这种制度。

在摩尔多瓦的土地登记过程中，公众教育是历时4年的土地登记项目的重要组成部分。该项目创办了一份名为《农民时刻》的月报，旨在帮助受益者理解私有化过程和他们新的土地权利。在乌克兰进行的类似的确权项目广泛利用国家广播和电视节目，以覆盖农村人口（Mitchell，2007）。这些声势浩大的公众教育活动促进了登记文化的推广。

此外，登记处的位置对推广土地登记也很重要。它应位于方便申请人的地方。否则，如果穷人或其他人认为需要长途跋涉才能到达登记处，就会导致许多土地交易无法登记。为解决此问题，有些国家专门指派官员在每周或每月的特定日期前往当地的办事处收集登记申请（Hanstad，1998）。

3. 财政支持与登记费

土地登记体系一旦创建完毕，其运作和维护就需要大笔的开销。土地登记体系建立后，通常会征收登记费，以支持其运作和维护。值得注意的是，过高的登记费会阻止人们登记土地交易。所以，应确定一种固定、便宜的登记费。有些国家根据土地价值征收登记费，这样大宗交易就能补贴小宗交易。另一些国家在固定费用的基础上征收登记费（Hanstad，1998）。如果用户无法负担登记体系运作所需的全部费用，国家就必须给予补贴，无论是通过土地征税，还是通过一般预算（Mitchell，2007）。

4. 确保土地登记体系正常运作的相关支持体系

土地确权和登记只是复杂的土地使用与管理流程的一部分（Pagiola，1999）。国际经验表明，只有满足一系列的有利条件后，土地确权和登记的优势才能显现出来。

首先，一个产权明晰、执法严明的土地政策和法律是土地登记制度的重要法律基础。政府征地、精英掠地、邻里边界纠纷或亲属遗产纠纷等，都有可能影响到农民的地权稳定。所以必须在法律和政策中消除这些威胁。否则，仅凭土地确权将无法稳定地权，也难以带来土地登记的效益（Bekure，2006）。

其次，必须设立一个能高效执法的政府机构（Deininger & Feder，2009）。政府针对同一地块发布内容冲突的文件，或出台主旨模糊和自相矛盾的政策，均会导致土地执法不可预测且费用高昂。在此情况下，土地确权登记本应保护的权利将是一纸空文，而没有任何实际价值。

再次，必须建立有效的纠纷解决制度，以妥善解决土地权利冲突，包括正式的司法纠纷解决机制和替代纠纷解决机制（更便于当地农民使用）。

从次，应该建立一个土地权利能正常流转的土地市场。一方面，如果法律或社会压力限制流转，无论是全面禁止流转还是对租地面积、方式和租期进行不合理的限制，再好的土地确权也不可能创建一个活跃的土地市场。另一方面，如果听任土地市场自由发展，得到土地的只能是高效的生产者，而不是底层的穷人。研究表明，穷人的土地入市，更可能导致他们一无所有。

最后，应该建立一个健全完善的金融市场，使农民能够抵押土地获得长期贷款（Feder & Nishio，1999）。有保障的土地产权是获得银行贷款的必要条件，但不是充分条件，贷款机构还会考量其他条件。例如，是否有一个活跃的土地市场，会影响借款人违约时银行处置抵押土地（土地使用权）的难易程度；土地本身是否能产生可靠的盈利资金流，会影响土地需求。

5. 当前趋势：土地登记的电脑化

世界银行的一项研究（2014 年）表明，近年来，在推动建立准确完整的土地登记制度的过程中，电子登记逐渐取代纸质登记。该项目开展 5 年，有 37 个国家实现了土地登记的电脑化，全球一半的国家都使用电子数据库。作为一种有效的工具，土地登记电脑化不仅能保证记录更有效、更安全、更可靠，还能使登记过程更透明。由于能即时提供土地信息，它还提高了土地市场的运作效率。由于产权更安全、登记信息更方便查询，公民们获益匪浅。

土地登记的电脑化可能因国家而异，但大都经历了从土地登记数字化、不动产全面的网上登记到采用新式登记服务（如手机申请、与其他机构联网）的不同发展阶段。

例如，韩国已建立一个名为"韩国土地信息系统"（KLIS）的综合性电脑系统，它试图将写入的数据（包括测量数据、手写文件和纸质地图）集中到中央数据库内。由于它允许公民索取与土地有关的文件，并能为他们提供公开、最新和准确的信息，所以KLIS显著提高了当地政府的行政服务效率。在肯尼亚，内罗毕的土地登记处最近已实现土地记录的全面数字化，正在为客户开发最新的电子服务。许多欧洲和中亚国家的电脑系统都允许用户上网查询产权信息，并能通过门户网站立即发放产权证明，或在几分钟内将证明发送给用户。在荷兰和新西兰等国，它们的数字化土地登记系统允许在网上登记不动产转让信息。

虽然从纸质登记系统向电子登记系统转变是大势所趋，但纸质土地产权证依然发挥着重要作用，特别是在发展中国家。这是因为公民要么没有条件上网，要么不习惯使用新技术。在这样的国家，政府至少应发放一张正式的纸质产权登记证（Mitchell，2014）。

五 不同背景下进行的土地确权登记

虽然没有通用型解决方案，但仍有一些已知的宝贵经验以及在不同背景下开展良好的系统登记实践，可以在各个国家和地区推广应用。

（一）苏联经验——确权确地与确股不确地

1991年苏联解体后，新兴国家掀起了一场将以前的国有土地私有化的浪潮（Bledsoe，2006）。在私有化改革中，通常作为土地改革最后阶段的土地确权登记发挥了重要作用（Ho & Spoor，2006）。

美国农村发展研究所的一份研究报告深入分析了这些国家的

国有土地私有化过程（Mitchell，2014）。根据这份报告，苏联的一些加盟共和国将土地归还以前的所有者，另一些国家则将大部分土地分割成单独的地块，然后分配给以前的集体成员。大多数新成立的国家都采用了确权确股不确地的土地股份制。与将特定的地块分配给个人不同，土地股份制为个人提供了相当于一定比例土地的土地股份，而不是实物土地，而实物土地归所有权利人共同拥有。除非权利人提出分割实物土地，否则他将和其他权利人一样，只有不对应实物土地的股份。

股份持有人有权向生产者出售或租借股份。他们还能要求分割土地，并将股份转换成划定边界的实体地块。主管部门会在地面上标示分配的土地、测量地块的边界，并发放该地块的产权证明。但在大多数情况下，对土地股份持有人来说，想要按自己的股份提出土地分配申请，并为单独地块划定边界，简直比登天还难。Robert Mitchell 指出了两个主要原因（Mitchell，2014）。一是土地股份难以转换成实际地块的根本原因在于，集体农场的大部分土地股份持有人都想让自己的土地留在公共土地库中，这也是采用土地股份制的国家的大部分集体农场的现状。他们想保留土地库中最好的土地，这样就不必担心自己以后撤股没有好地，这种态度的后果是，最先撤股的人将分到最差的土地。面对这种强大的阻挠势力，显然谁都不愿意第一个撤股，特别是当农场中最好的土地与最差的土地之间存在天壤之别时（绝大多数集体农场都是如此）。二是大部分人会认为撤股的成员将威胁农场公共土地库的运作，所以他们不愿意让撤股的成员将股份换成实际地块。

在 20 世纪 90 年代末，摩尔多瓦和乌克兰开始认识到，实行土地股份制时，土地股份难以转换为实际地块，不利于建设充满活力的土地市场。为此，它们开始推行强有力的国家计划，以使每个土地股份持有人都成为单独地块的所有者：按照当时土地所有者的姓名登记现有地块的产权。在摩尔多瓦，政府将以前集体农场使用的土地细分成约 240 万个地块，并为每个地块发放产权证明，从而在 6 年间为 78.3 万个人所有者确立了地权。在乌克兰，项目团队与 2000 多个地方政府合作，为 120 万符合条件的农村居民发放了 150 多万份农村土地产权证明。

美国农村发展研究所的报告重点阐释了确权确地较之确股不确地的好处（Mitchel，2014）。研究表明，与确股不确地的土地股份持有人相比，乌克兰的土地所有者更容易收到全额租金，且租金更高，租金支付也更及时。此外，土地所有者还能选择以后自己耕种土地。如果土地已通过长期租借得到归整，将归整的土地分割成单独地块，并分配给每户家庭，能让这些家庭更灵活地使用土地，特别是当租借期满或承租人违约（如未付租金）导致租赁结束时。租赁结束后，如果一户家庭拥有具体地块的产权，其既可使用土地，也可将土地租给值得信任的农民。相比之下，如果一户家庭只拥有公共土地库的股份，就无法轻易行使这样的权利。同样，如果大承租人污染了一部分土地，假如家庭只拥有土地股份，那任何家庭都无法向承租人索赔（也没有家庭会积极索赔，因为它们只拥有被污染土地的一部分模糊不清的权利）。但假如已将土地分割成单独地块，土地被污染的家庭就更容易提出索赔，而且会积极地寻求赔偿。

这份报告总结出，上述收益是确权确地比确股不确地更受欢迎的主要原因。登记现有的地块（并对最近归整的土地进行确权和登记），能有效防止大承租人滥用个体家庭的土地。这不仅有利于社会和谐，而且即使大承租人违约，也能确保耕地继续使用。

（二）拉丁美洲经验——土地确权与土地登记、转让

拉丁美洲的农业具有土地所有权高度集中、失地的贫困人口众多和小农户地权无保障的特点。它推行的土地改革计划（特别是在 20 世纪 60～70 年代）试图没收大地主的土地所有权，然后分配给小农户，以此打破土地高度集中的现状（Barnes，Stanfield & Barthel，1999）。虽然取得了一些成功，但土地分配不公的现象依然存在。此外，在大多数情况下，贫困的土地所有者并没有保障

自己地权的正式文件，这也成为制约地区农业发展的主要障碍（Stanfield，1990）。因此，自20世纪90年代开始，许多拉美和加勒比地区国家（如玻利维亚、秘鲁、墨西哥、智利、哥伦比亚、洪都拉斯、厄瓜多尔）纷纷推行各种土地确权登记项目，以改革土地登记制度，并加强对土地权利的保障。拉丁美洲大量的小农户是这些土地确权活动的重点群体，他们没有自己土地的正式产权（Deere & Leon，2001）。

例如，在玻利维亚（南美洲土地分配较不公平的国家之一），尽管政府在过去几十年间积极推行土地改革，但地权不均一直是无法改变的社会顽疾。据政府估计，400个独立所有者以各种所有制形式占有70%的农业用地，而穷人和本地农村居民只占有5%的农业用地（Douglas Hertzler，2007）。在20世纪90年代，政府发起新一轮的土地改革，旨在通过重新分配土地使土地权利合法化，并发放产权证明和解决土地纠纷，在全国范围内促进土地的公平分配，加强对地权的保障。政府于1997年开展了国家土地确权和登记项目，以对通过土地改革分配的地块进行正式确权和登记，并对已确权的土地登记进行更新。

在不遗余力地推行地权合法化的同时，许多拉美国家改革的一个当务之急是，制定法规以限制土地再分配和登记后的重新集中。针对智利土地改革的研究表明，在不利于产权所有者的条件下进行的单独土地确权可能加剧土地的重新集中（Stanfield，1990）。因土地而背负巨额债务，且难以或无法获得贷款及其他服务，导致超过50%的地权刚得到确认的农民被迫在相对较短的时间内（3~6年），将自己的土地产权卖给大地主或其他有钱投资土地的人。对反对农民经济的人来说，这种依靠可销售的土地产权推动的土地市场实现的土地所有权转变是一种进步，但土地改革的受益者失去土地可能导致政治、经济和社会问题，通过限制私人出售刚确权的土地能避免此类问题。

拉美国家已出台了许多限制产权转让的措施。例如，在洪都拉斯，转让已分配给土改受益者的土地必须得到土改主管机构的批准。这种限制依据的是旨在避免土地重新集中到庄园主手中的政策。厄瓜多尔2008年《宪法》规定，国家必须制定关于使用和获取土地（必须发挥社会和环境作用）的法律，同时禁止发展大庄园农业和实行土地集中。

要执行这类限制私下交易土地所有权的社会规则，通常需要建立一个专门负责土地管理的国家机构，该机构应拥有法律赋予的权力，从而能对土地所有者的行为进行奖励或处罚。在拉美地区，担负此职能的最常见的机构是土改局，它有权在某种条件下没收私人土地所有者的土地，并能采取法律手段，将（向国家购买的）土地的所有权转让给土改受益者或其他私人所有者。此类机构还有权限制原受益人转让土地。

拉美地区面临的另一个关键问题是，人们不愿意去登记处记录交易。在洪都拉斯进行的一项研究表明，当国家向公共土地的所有者发放法定产权证明后，一些地权刚得到确认的土地所有者会不出所料地将自己的土地出售，或遗赠给继承人（Stanfield，1990）。但新的土地所有者（通常是邻居）不会去登记处登记这些出售或遗赠交易，他们宁愿依赖传统形式来转让土地所有权（私人文件或口头协议），并采用当地的机制记录土地产权，包括邻居认可地界、社会贤达见证交易以及律师拟定法律契约。

拉美和加勒比地区国家（如洪都拉斯）的许多地方都实行了颇有成效、约定俗成的确权制度，虽然没有正式的法律依据，但大都得到当地社区的支持和推崇。这些约定俗成的制度的运作成本相对较低，而且方便当地人使用。由于约定俗成的产权登记制度具有很强的适应能力，与正式的法定确权制度相比，土地所有者更偏爱约定俗成的产权登记制。

在巴拿马进行的一项关于土地产权制度的研究还表明，大多数人原则上并不接受以约定俗成的方式确定产权，他们更信任正式的土地登记制度，但在实践中，正式的土地确权和登记流程不仅极其缓慢、费用高昂，而且难以完成，特别是对小农户而言。虽然许多人都希望获得正式的土地产权，但高昂的办理和维护费用成为习惯产权转变为法定产权的主要障碍。

如果土地确权和登记制度确立后，人们还是拒绝去登记处记录土地交易，那么在一代人的时间内，土地会再次陷入无登记产权的状态。如果这种情况发生，土地确权和国家信息管理（如地籍测绘和土地登记簿的电脑化）的产权登记现代化将难以维系。为减少农民对正式土地登记制度的抵触情绪，应采取有效措施改变制度遥不可及的缺点，缓解大部分人对制度的敌对情绪。首先，产权登记处必须全心全意地贴近它们服务的民众。其次，必须就土地确权和登记的优势对公众进行教育。最后，需要努力改善土地确权登记部门的行为和意识，以适应尚未广泛积极参与土地确权登记的民众们的需求。

（三）非洲的土地确权和登记——法律登记与习惯产权

在非洲，通过系统的土地登记把传统的习惯土地权利转变为正规私人产权，曾被视为奠定土地市场发展基础和促进经济增长的重要举措（Quan，Tan & Toulmin，2004）。但世界银行的一份研究报告（Klaus Deininger，2011）指出，非洲的土地确权是失败的，而非成功的。其中一个主要原因是，对当地土地权利的现实认识不足，却试图采用一种注定以失败告终的"现代"确权制度，以自上而下的方式取代这种权利。

非洲大部分的土地仍沿用习惯保有制。与正式的土地所有制相比，习惯保有制下的土地权利通常具有非独占性、重叠性的特点，并能发挥社会保障的作用。研究表明，就一个特定地块而言，习惯保有制能满足多种资源利用（如畜牧业、农耕、渔业）和用户（农民、定居和非定居牧民、农牧民、普通男女、移民和土著居民等）生产的需求，而且能在不同季节接替轮换。在习惯保有制中，还存在一些二级权利：通行权、对多个村庄或社区共有土地上的自然资源的使用权以及牧民或猎户对公共区域的季节性使用权。他们的习惯保有权还包括每年通过、前往或使用位于其他定居社区边界内的土地和自然资源（Knight，2010）。习惯保有制的这些特点限制了土地权利私有化（Quan, Tan & Toulmin, 2004）。

此外，研究人员还指出，一些非正式约定和执行的产权可以非常安全（Bruce & Migot-Adholla，1994）。在撒哈拉以南的非洲地区，公共产权或习惯产权能提供程度合理的地权保障，即使这些地权未得到国家的正式认可（Durand-Lasserve，2006）。徒劳无功地试图采用国家土地所有制代替习惯保有制，势必会让民众对法律规范感到迷惘，从而失去安全感。

因此，自20世纪90年代中期开始，许多非洲国家开始发布新的土地政策，以加强对基于地方观念和本地实践的土地权利保障（Ubink，2009）。它们试图通过发放习惯保有的地权或产权证明，正式确认并保护习惯保有的土地权利。当民众获得有保障、可继承和可转让的永久占有权和使用权并取得正式文件的支持时，这些权利都或多或少地相当于永久产权（Quan, Tan & Toulmin, 2004）。但在习惯保有制已经消亡，并且土地纠纷普遍存在的地方，以及土地竞争激烈的地区，土地登记制度仍是加强产权保障的重要因素（van den Brink et al.，2006）。

许多国家正在努力扩大对习惯产权的法律认可。例如，加纳1999年的《国家土地政策》试图通过确认和登记习惯保有制下的所有土地权利，推动土地所有权制度的发展。肯尼亚2009年的《国家土地政策》承认习惯保有的土地权利具有与永久产权和公共土地权利一样的法律地位。乌干达已实行习惯保有认证，以正式确认习惯保有的土地权利。它不是一种个体认证，因为登记对象可以是几个人和多种权利，比如夫妻和孩子以及拥有第三方权利的人，如穿过土地去拾取木柴的人。

联合国粮农组织（FAO）对博茨瓦纳、莫桑比克和坦桑尼亚的习惯产权制度改革进行了一项重要研究，评估以法律形式确认地权和维持习惯地权所做的努力（Knight，2010）。研究发现，国家确权登记要求的出发点是，通过法定形式保障习惯权利，即通过立法承认这些权利属于合法产权。国家在这方面能发挥建设性作用。此外，政策制定者必须注意多人共同拥有同一地块的现象，不要试图采用单一方法来对待复杂的产权制度。这些重要措施都能减少土地确权和登记产生的消极影响。

（四）东亚地区的土地确权和登记——土地登记与变更

虽然东亚地区的政治体制和经济政策存在巨大差异，但作为20世纪下半叶全球经济增长最快的新兴经济体（日本、韩国和中国台湾），它们有一个共同点：都在"二战"后实行了市场主导和高度平等的土地改革。

在日本，土地制度规定，个人拥有出租土地不得超过1公顷，拥有自耕土地不得超过3公顷。如果拥有的土地超出规定限制，政府将予以没收并重新分配给其他土地耕种者。以前的土地所有者会通过政府债券得到部分赔偿。同样，在中国台湾和韩国，战后政府都实行了"耕者有其田"的土地改革。这两个地区的改革也规定，个人拥有土地不得超过3公顷。土地所有者必须让出多余的土地，并由政府给予补偿。然后土地所有权就转让给了以前的佃农。同时，政府会向农民发放法定的产权证明，通过重新分配土地资产，正式确认农民的土地产权。在日本、中国台湾和韩国进行的土地改革不仅减少了农村贫困、推动了农业发展，而且为快速工业化打下了坚实的社会基础（Boyce，Rosset & Stanton，2005）。

但随着城市化进程的加快，日本的土地登记制度遭遇"土地所有者失踪"的问题（Yoshihara，2016）。换句话说，土地所有权和地籍数据未及时更新，越来越多的土地产权仍登记在已去世多年的所有者的名下。根据2012年的数据，预计到2020年将有8.6万公顷的农业用地和林地找不到所有者，即所有者失踪。到2050年，这一数字将达到57万公顷（Japan Property Central，2015）。

导致这一问题的原因有多种。首先,是日本的土地登记制度带来的直接后果,因为它不要求强制登记土地产权(Yoshihara, 2016)。最可靠的数据来源是根据《不动产登记法》自愿登记的产权,但近年来它的局限性日益凸显。如果登记的土地所有者死亡或变更,并且新的所有者不愿去办理产权转让,当地的土地记录自然不会更新,从而直接导致当地有关土地所有权的土地记录出错。

其次,在农村地区,特别是边远地区,土地产权很少转让给继承人,因为土地产权转让和继承产生的费用往往超过土地本身的价值,所以继承人缺少办理土地产权转让的经济激励(Japan Property Central, 2014)。法律也没有规定必须更新产权,所以许多继承人继续保留去世亲人的名字,作为登记的产权所有者。

最后,关于日本农业人口构成的统计数据表明,日本农业目前的主导力量是老年人,70%的农业劳动力年龄超过60岁(Yamashita, 2008)。所以,日本的农业用地往往不受重视,因为年轻人都移居城市了。2005年,弃耕农田的比例占全部农田的9.7%,从1985年的13.5万公顷到2005年的38.6万公顷,弃耕农田的面积在20年内增加约两倍。2014年结束的一项调查表明,农业劳动力的老龄化和农村地区从事农耕的年轻人数量不足,是导致土地撂荒的主要原因(OECD, 2009)。许多年轻的所有者(林地和弃耕农田的土地继承人)都认为没必要办理产权转让。

据信,所有者未知的土地数量将随老龄人口的增长而增加。如果今后越来越多的人因为怕麻烦和不愿承担产权转让费,而拒绝自愿登记土地,那么土地所有者未知和土地登记不准确的现象将继续加剧。"土地所有者失踪"的案例不断增加已成为制约日本农业发展的主要障碍。它严重妨碍政府采取有效举措解决社会问题:通过集中农业用地开展大规模耕作、应对日益增加的遗弃家园的问题以及推进重建和公共建设项目。因为对当地政府来说,追查此类土地的当前所有者是一项非常耗时和困难的工作(Yoshihara，2016）。

在此情况下，土地确权问题不仅是个人问题，而且对农业发展和城市化有更广泛的政策影响。日本政府亟须采取有效措施，包括修改法律、加强土地所有权数据的收集、减少所有者和政府承担的所有权转让费用。如果所有者不想或没有能力主张土地产权或管理土地，还应为他们提供更广泛的选择。同时需要采取措施阻止土地所有者身份不明现象的加剧，例如，让继承人将闲置土地无偿捐给非营利的社区团体，如果经过几代人后，产权仍处于未登记状态，可将所有权转让给当地政府。日本国土交通省（MLIT）考虑采取措施解决所有者失踪的土地数量激增和土地登记不准确的问题，以使基本农田登记簿保持最新状态。

（五）妇女土地权利的登记工作

发展中国家推行土地确权项目是妇女争取土地权利的关键性时刻（Deere 和 Leon，2001）。虽然政府测量了土地、绘制了地图，并登记了产权，但是否会通过此过程正式确认妇女的土地权利，还尚不确定。许多研究表明，虽然妇女是农业劳动力的重要组成部分，并且对发展中国家的农业做出了重要贡献，但在土地确权过程中，她们往往是被忽略的群体。土地产权通常只分配给一家之主（户主），而在大多数发展中国家，户主大部分都是男性，这导致绝大多数的产权被分配给了男性，而且产权文件通常只写丈夫或其他男性户主的姓名（Yana Rodgers，2012）。

对有权使用家庭土地，但没有土地产权的妇女，一旦与产权所有者（如丈夫）关系破裂，就可能面临失地的风险，没有土地产权的妇女的权利无法得到保障。土地的销售、租借或抵押应征得她们的同意，或者使她们能从这些交易中获益（Lastarria-Cornheil，2007）。

妇女的产权和地权成为20世纪80年代国际妇女运动的一个重要议题（Carmen & Deere，2015）。在墨西哥城（1975年）、哥本哈根（1980年）、内罗毕（1985年）和北京（1995年）召开的国际妇女大会都探讨了妇女的产权和地权议题,并呼吁各国采取具体措施促进两性平等。在这一时期,关于妇女获得和控制资源的重要性的思想日趋成熟。妇女的土地所有权不再只是提高妇女生产效率的因素,它已经被视为一种经济权利,并已明确承认土地所有权对农村妇女赋权和争取经济自主权的重要性。

随着妇女运动的蓬勃发展,20世纪90年代,一些发展中国家的妇女产权出现渐进性变化:在民法中加强妇女的产权地位,颁布新的土地法,与过去近十年实行的土地改革法相比,新土地法在两性平等方面取得显著进步。例如,大多数拉美国家都取消了民法中"丈夫是法定户主"的条款,而以"双户主"的规定取而代之:丈夫和妻子都是户主,并一起管理他们的共同财产(Deere & Leon, 2001)。

此外,在正式确认土地权利的过程中,确认和登记共同所有权是妇女争取法定地权的有效途径。有权使用土地并不能保证拥有土地或取得土地的实际所有权(ICRW, 2005)。必须确保妇女能有效交换、出租、遗赠、出售和抵押自己的土地,以保证她们的土地权利(Yana Rodgers, 2012)。最近,越来越多的国家已通过土地确权确立共同所有权。在一些国家,法律要求,如果确权的土地是由国家分配,或者土地是夫妻二人在婚后取得,土地必须共同所有(Lastarria-Cornheil, 2007)。强制性的共同所有权让妇女的土地权利得到进一步保障,而自愿的共同所有权并不能有效地为大多数妇女提供有保障的土地权利。这类土地确权项目的结果表明,已婚夫妇共同拥有土地权利能有效确保更多妇女获得合法地权。

夫妻共同拥有土地对妇女赋权至关重要,这进一步坚持了"夫妻共同负责管理家庭财产"的民法原则。此外,这也进一步增强了"出售、抵押或以其他方式处置共同财产必须取得夫妻的一致同意"的法律效力。当夫妻分居、离婚或女性守寡时,共同所有权还能进一步保障妇女的财产权。它能提高妇女在婚姻中的谈判地位，并提高她们在家庭和农业生产决策中的话语权（Agarwal，1994）。

六 土地登记对农业和经济发展的影响

土地确权登记对农业和经济发展非常重要。Feder 曾就泰国农业的土地确权与农业生产力关系提出过一个概念模型（Feder，1987）。在此模型中，他强调至少要考虑三种重要的经济关系：土地确权能加强对农民地权的保障，从而能使他们更积极地对土地进行中长期投资；确权后的土地可作为抵押品，以获取更多用于农业投资的贷款；确权能促进土地市场的发展，从而有利于土地资源向生产力更高的农民转移。

世界上许多地区已开展针对土地确权和登记的实证影响评估。现有国际经验表明各国之间存在巨大差异：在主要依靠土地证书来保障土地权利的亚洲和拉美地区，土地确权产生了显著的经济效益；但在非洲那些习惯产权依然有效的地区，土地确权的经济效益就不那么明显。

就土地登记经济效益首次开展的详尽实证研究，是在泰国农村进行的（Feder et al., 1988）。在泰国，土地登记对农民获取贷款的正面影响已得到印证。如果再考虑土地用作抵押品的直接影响和有证土地使土地升值的间接影响，那么与没有土地产权证书的农民相比，拥有土地产权证书并将土地抵押出去的农民会获得更多的机构贷款。与没有产权证书的农民相比，拥有产权证书的农民可多获得52%~521%的机构贷款。有证书和无证书农民之间的经济绩效差异也得到清晰的印证。就单位土地来说，与无证书农民相比，有证书农民对土地的投资更多，投入的精力更多，土地作物的产量也更高。这能使其收入（农业和非农业）增加14.5%~20.8%，土地价格提高25%~132.6%。经验证据表明，土地确权还能促进泰国的土地交易。虽然土地市场在土地确权之前就已存在，但土地确权发放土地权属证书后的3~4年，土地市场似乎更活跃，而且在已推行土地确权的地方，确权土地的价值比未确权土地的价值更高。与未推行土地确权的地区相比，推行确权颁证的地区在项目结束后参与土地交易的家庭数量增加35%~205%。

研究表明，土地确权颁证还使菲律宾和印度尼西亚的土地升值（Feder & Nishio, 1999）。据估计，越南发放土地产权证书后农民不仅增加了对农业生产的投资（比无证书时增加7.5%），而且家庭从事非农就业活动的时间多出11~12周（Do & Iyer, 2008）。

Feder 与 Nishio 进行的一些相关实证研究发现，在拉美地区，土地确权使洪都拉斯、巴西和秘鲁的土地升值；使哥斯达黎加、巴西、洪都拉斯和牙买加的土地投资增加；使哥斯达黎加、巴西、厄瓜多尔和巴拉圭的农业产量和农业收入提高。尼加拉瓜对有完全产权的家庭和无产权的家庭进行了对比研究，结果表明，有产权的家庭更容易获得贷款（Foltz, Larson & Lopez, 2000）。研究还表明，在尼加拉瓜，拥有法定产权证书的农民更积极投资农业，其土地投资增加35%（Laiglesia, 2004）。Alston 等在巴西进行的一项研究表明，虽然土地位置往往决定土地价值，但同一区域内确权颁证土地的价值比没有确权颁证土地的价值更高（Alston, Libecap & Schneider, 1996）。撇开土地位置不谈，同等质量的农地经过确权颁证之后，价值比原来高出189%。在巴拉圭，Carter 与 Olinto 的研究发现，土地确权会增加贷款发放，但贷款受农场规模的影响更大，因为小农户贷款中单位面积的交易费用更大（Carter & Olinto, 1996）。

尽管在亚洲和拉美地区有充分证据证明土地登记对经济发展有推动作用，但在肯尼亚、加纳、卢旺达和索马里的农村地区，土地登记与投资之间以及土地登记与农业生产力和获取贷款之间在统计学意义上并无显著关联（Byamugisha, 1999）。Place 与 Migot-Adholla 重新分析了1988年在肯尼亚进行的一项研究的数据，他们发现，土地的确权登记颁证对土地权利的安全感、土地所有者借贷、农业生产和土地出售以及土地的再分配并没有显著影响（Place & Migot-Adholla，1998）。对非洲习惯法下土地权利的确权登记颁证进行的研究表明，只有在极少数习惯法土地制度已失效或消亡的情况下，确权登记颁证才会对土地投资和农业生产产生显著的积极影响（Migot-Adholla，1991）。

土地确权在非洲的微弱影响被称为"非洲效应"（Lawry et al.，2014）。概括地说，经过确权登记颁证的土地所有制是拉美地区和大部分亚洲地区农村土地所有制的主要形式，而在撒哈拉以南的非洲地区，情况则完全不同。这里大部分的农田都实行习惯保有的土地所有制，它能为拥有土地的家庭、组织或社区的合格成员提供长期的地权保障。因此，早在确权登记颁证之前，习惯保有的土地所有制就已经提供了一定程度的地权保障，这种现象在拉美或亚洲地区却很少出现。所以，确权登记颁证在非洲可能面临更多限制，因为确权登记颁证所力图改变的产权无保障的威胁，并不像改革计划制定者们担心的那样。

上述实证研究分析了土地确权登记颁证对农业投资、农业生产、贷款使用和土地市场发育的影响。有些影响需要过一段时间才会显现，有些影响在不同国家和地区存在巨大差异。此外，单靠加强产权保障并不能直接提高农民收入（Bruce，2012），它需要法律、经济和社会方面的支持，才能达到推动农业和经济发展的预期效果。

七　结论

在可持续发展和扶贫过程中，土地确权登记颁证能发挥重要作用，因为这是保障土地权利的重要条件。从经济学角度分析，全球各地都有令人信服的证据表明，土地登记能加强地权保障、增加土地投资和提高农业生产力、便于获取贷款、促进建立高效的土地使用权市场,并能提供对土地利用规划和土地管理意义重大的数据库。但土地确权登记颁证的运作方式和流程会充分影响并在很大程度上决定确权登记颁证是否能取得潜在效益。不同地区的土地确权成效各有差异,其在很大程度上取决于初始地权状态,是否能对地权进行有效的法律保护,土地确权登记颁证流程能在何种程度上保护和争取妇女及其他边缘化人群的土地权利,以及能在何种程度上随时更新登记信息。

土地确权制度为许多发展中国家的穷人和妇女的生活改善提供了宝贵契机。但国际经验也表明,如果不慎重制定相关的规则和流程,以保护并促进他们的利益,土地确权登记颁证还可能对原本要为之谋利的群体产生负面影响。如果不制定有效的政策,实行土地登记制会导致土地分配不公的负面后果,因为人脉广、消息灵通、掌握更多资源的人更容易将土地登记在自己名下,从而使弱势权利人(如贫困农民和妇女)的利益受到损害。它可能剥夺妇女和社区其他成员过去享有的二级土地权利,可能因为登记土地股份而非实际地块(在土地归整时)而产生不确定性,也可能增加土地重新集中的风险以及穷人在管理不完善的土地市场失去土地的风险。

土地确权的需求、机遇和遇到的问题因国家而异。从事确权登记颁证的工作人员除了要了解确权登记颁证的官方目标之外,还必须明确理解他们将开展工作的地区的土地权利现状以及可能产生的经济和社会影响,特别是对社会弱势群体的影响。只有在充分了解实地情况的基础上,再推行确权登记颁证,才能避免产生适得其反的不良后果。

参考文献

Agarwal, B. (1994). *A Field of One's Own: Gender and Land Rights in South Asia*. Cambridge: Cambridge University Press.

Alston, L. J., Libecap, G. D., & Schneider, R. (1996). The Determinants and Impact of Property Rights: Land Titles on the Brazilian Frontier. *The Journal of Law, Economics and Organization* 12 (1).

Atwood, D. A. (1990). Land Registration in Africa: The Impact on Agricultural Production. *World Development Vol.* 18, *No.* 5, 659 -671.

Barnes, G., Stanfield, D., & Barthel, K. (1999). *Land Registration Modennization in Developing Economies: Discussion of the Main Problems in Central/Eastern Europe, Latin America, and the Caribean.* Chicago, Illinois: Paper prepared for URISA Annual Conference.

Barraclough, S., & Collarte, J. (1973). *Agrarian Structure in Latin America.*

Bekure, S. (2006). *Benefits and Costs of Rural Land Titlin: The International Experience.*

Bledsoe, D. (2006). Can Land Titling and Registration Reduce Poverty? In R. G. John W. Bruce, *Land Law Reform* (pp. 143 -174). The World Bank.

Boyce, J. K., Rosset, P., & Stanton, A. E. (2005). *Land Reform and Sustainable Development.* University of Massachusetts Amherst.

Bruce, J. (2012). Simple Solutions to Complex Problems: Land Formalization as a "Silver Bullet". In J. M. Otto, & A. Hoekema, *Fair Land Governance: How to Legalise Land Reights for Rural Development* (pp. 31 -54). Leiden University Press.

Bruce, J. W., & Migot - Adholla, S. E. (1994). *Searching for Land Tenure Security in Africa.* Dubuque, Iowa: Kendall/Hunt.

Byamugisha, F. F. (1999). *The Effects of Land Registration on Financial Development and Economic Growth.* The World Bank.

Carmen D. Deere, M. L. (2015). *Institutional Reform Of Agriculture Under Neoliberalism: The Impact Of The Women's And Indigenous*

Movements. Latin American Research Review Volume 36, Number 2, pp. 31 – 64.

Carter, M. R., & Olinto, P. (1996). *Getting Institutions Right for Whom? The Wealth Differentiated Impacts of Land Titling on Agricultural Investment and Productivity in Paraguay*. Land Tenure Center, University of Wisconsin – Madison.

Childress, M. (2004). *Regional Study on Land Administration, Land Markets, and Collateralized Lending*. World Bank.

Dale, P., & McLaughlin, J. (1988). *Land Information Management, An Introduction with Special Reference to Cadastral Problems in Third World countries*. Oxford: Clarendon Press.

De Soto, H. (2000). *The Mystery of Capital: Why Capitalism Triumphs in the West and Fails Everywhere Else*. New York: Basic Books.

Deere, C. D., & Leon, M. (2001). Who Owns the Land? Gender and land – Titling Programs in Latin America. *Journal of Agrarian Change* Vol. 1, Issue 3, 440 – 467.

Deininger, K., & Feder, G. (2009). Land Registration, Governance, and Development: Evidence and Implications for Policy. *THe World Bank Research Observer* Vol. 24, No. 2, 233 – 266.

Do, Q. – T., & Iyer, L. (2008). Land Titling and Rural Transition in Vietnam. *Economic Development and Cultural Change* 56 (3), 531 – 79.

Dorner, P. (1992). *Latin American Land Reforms in Theory and Practice*. Wisconsin: The University of Wisconsin Press.

Douglas Hertzler, K. L. (2007). *Bolivia's Land Reform Legislation*. Andean Information Network.

Durand – Lasserve, A. (2006). Informal Settlements and the Millennium Development Goals: Global Policy Debates on Property Ownership and Security of Tenure. *Global Urban Development Volume 2 Issue* 1.

Falloux, F. (1987). *Land Management, Titling and Tenancy.* Paper presented at the World Bank Agricultural Sector Symposium.

Feder, G. (1987). *Land Registration and Titling from an Economist's Perspective: A Case Study in Rural Thailand.* World Bank.

Feder, G., & Nishio, A. (1999). The Benefits of Land Registration and Tilting: Econoic and Social Perspectives. *Land Use Policy Vol* 15 *No.* 1, 25 – 43.

Feder, G., Onchan, T., Chalamwong, Y., & Hongladarom, C. (1988). *Land Policies and Farm Productivity in Thailand.* Baltimore: John Hopkins University Press.

FIG. (1995). *FIG Statement on the Cadastre.*

Foltz, J., Larson, B. A., & Lopez, R. (2000). *Land Tenure, Investmet, and Agricultural Production in Nicaragua.* Harvard University: Harvard Institute for International Development.

Hanstad, T. (1998). *Designing Land Registration Systems for Developing Countries.*

Haugerud, A. (1983). The Consequences of Land Tenure Reform Among Smallholder in the Kenya Highlands. *Rural Africana No.* 15 – 16.

Henssen, J. (1995). Basic Principles of the Main Cadastral Systems in the World. *Modern Castres and Cadastral Innovations*, (pp. 5 – 12).

Ho, P., & Spoor, M. (2006). Whose Land? The Political Economy of Land Titling in Transitional Economies. *Land Use Policy* 23, 580 – 587.

Holstein, L. (1996). *Towards Best Practic From World Bank Experience in Land Titling and Registration.* World Bank.

ICRW. (2005). *Property Ownership for Women Enriches, Empowers and Protects*. Washington, DC: International Center for Research on Women.

Japan Property Central. (2015). *Guidelines for Land with Missing Owners to be Decided*.

Japan Property Central. (2014). *Out-of-date Land Titles Slowing Down Redevelopment in Tohoku*.

Klaus Deininger, D. A. (2011). *Impacts of Land Certification on Tenure Security, Investment, and land Market Participation: Evidence from Ethiopia*.

Knight, R. S. (2010). *Statutory Recognition of Customary Land Rights in Africa: An Investigation into Best Practices for Lawmaking and Implementation*. FAO.

Laiglesia, J. R. (2004). *Investment and Credit Effects of Land Titling and Registration: Evidence from Nicaragua*.

Land Tenure Center. (1986). *Republic of Panama: Agrarian Land Titling*.

Lastarria-Cornheil, S. (2007). *Who Benefits from Land Titling? Lessons from Bolivia and Laos*. Iied.

Lawry, S., Samii, C., Hall, R., Leopold, A., Hornby, D., & Mtero, F. (2014). *The Impact of Land Property Rights Interventions in Investment and Agricultural Productivity in Developing Countries: a Systematic Review*. Campbell Systematic Reviews.

Migot-Adholla, S. P. (1991). *Indigenous Land Rights Systems in Sub-Saharan Africa: A Constraint on Productivity? The World Bank Economic Review* 5 (1), 155–175.

Mitchell, R. (2007). *Formalization of Rights to Land*. In *One Billion Rising* (pp. 333–376).

Mitchell, R. (2014). *Why registration of land parcels is superior to* registration of land shares in modern China. Landesa.

OECD. (2009). Evaluation of Agricultural Policy Reforms in Japan.

Pagiola, S. (1999). Economic Analysis of Rural Land Administration Projects. The World Bank.

Place, F., & Migot‐Adholla, S. (1998). The Economic Effects of Land Registration on Smallholder Farms in Kenya: Evidence from Nyeri adn Kakamega Districts. Land Economics 74 (3), 360–73.

Polten, E. P. (2011). German and Canadian Real Property Law: A Comparison.

Quan, J., Tan, S. F., & Toulmin, C. (2004). Land In Africa Market Asset or Seucre Livelihood?

Simpson, R. S. (1976). Land Law and Registration (book 1). London: Surveyors Publications.

Sjaastad, E., & Cousins, B. (2008). Formalization of Land Rights in the South: An Overview. Land Use Policy 26, 1–9.

Stanfield, D. (1990). Rural Land Titling and Property Registration in Latin America and The Caribbean.

Thome, J. (1971). Improving Land Tenure Security. In P. Dorner, Land Reform in Latin America: Issues and Cases (pp. 229–240).

Ubink, J. A. (2009). Legalizing Land Rights: Local Practices, State Responses and Tenure Security in Africa, Asia and Latin America. Leiden University Press.

van den Brink, R., Thomas, G., Binswanger, H., Bruce, J., & Byamugisha, F. (2006). Consensus, Confusion and Controversy. elected land reform issues in sub‐Saharan Africa. World Bank working paper No. 71. World Bank.

World Bank. (2014). Doing Business 2015: Going Beyond Efficiency. Washington, DC: World Bank.

Wu, X., Zhu, K., & Prosterman, R. (2014). Building a Contractu-

al Rural Land Use Right Registration System Suited to China's Realities. Landesa.

Yamashita, K. (2008). *The Perilous Decline of Japanese Agriculture*. The Tokyo Foundation.

Yana Rodgers, N. M. (2012). *A Meta - Analysis of Land Rights and Women's Economic Well - Being*.

Yoshihara, S. (2016). *Japan's "Missing Landowners": Legal Frmaework for Land Ownership Inadequate to Cope with Aging, Depopulation*. The Tokyo Foundation.

Zevenbergen, J. (2002). *Systems of Land Registration: Aspects and Effects*. Netherlands Geodetic Commission.

Zevenbergen, J. (2004). A Systems Approach to Land Registration and Cadastre. *Nordic Journal of Surveying and Real Estate Research Vol* 1, pp. 11 - 24.

兰德萨农村发展研究所课题组

组　　长：李平

组　　员：王晓蓓、宋亦凡

执　　笔：王晓蓓

农村集体建设用地入市改革探索：
试点进展与问题

农村集体建设用地入市改革是新阶段我国土地制度改革的重要内容。2013年11月，党的十八届三中全会通过的《中共中央关于全面深化改革若干重大问题的决定》指出，要"建立城乡统一的建设用地市场"，并明确提出"在符合规划和用途管制前提下，允许农村集体经营性建设用地出让、租赁、入股，实行与国有土地同等入市、同权同价"。为落实三中全会的改革要求，2014年12月中办、国办印发了《关于农村土地征收、集体经营性建设用地入市、宅基地制度改革试点工作的意见》，决定在全国部分县（市、区）进行改革试点，并在试点地区暂时停止实施土地管理法、城市房地产管理法中关于集体建设用地使用权不得出让等规定，明确在符合规划、用途管制和依法取得的前提下，允许存量农村集体经营性建设用地使用权出让、租赁、入股，实行与国有建设用地使用权同等入市、同权同价。此后，2015年2月该项改革得到了全国人大常委会的授权，北京市大兴区、重庆市大足区、浙江省德清县、贵州省湄潭县等15个县（市、区）在2017年底前可试行集体经营性建设用地入市改革。

土地是市场最基本的生产要素，涉及农民、村集体、国家和包括企业在内的市场主体等各方利益，影响到市场的活力和国家经济发展的基础竞争力，因此土地制度的改革成为本轮改革中最重要的内容之一。而在农村土地、集体经营性建设用地、宅基地，即俗称的"三块地"改革试点中，集体经营性建设用地入市改革作为极具突破性的改革内容，备受社会关注。一方面，这项改革的多重目标，使相关各方对改革寄予厚望，如通过集体土地直接入市解决"建立城乡统一的建设用地市场"问题，解决农村地区参与城市化和工业化的通道问题，解决土地开发增值收益在国家、集体和农民之间的合理配置问题等。各方在这项改革中的关注点不同，利益诉求也不完全一致，真实面对改革的实质内容和实际效果，需要将改革的多重目标和各利益相关方均纳入分析。另一方面，由于我国土地制度是在历史过程中形成的，这一制度与理论上规范的理想形态（ideal type）不同，具有突出的独特性，而改革又往往牵一发而动全身，对集体土地权能的调整会冲击原有制度和实践中的权利体系和利益结构。这意味着，要准确把握这项改革，需要理解其溢出效应和政策含义。

有鉴于此，本文从我国城乡土地制度和农村集体建设用地的由来入手，对改革前农村集体建设用地的使用状况进行简单描述，在此基础上，对集体建设用地入市改革中的土地出让主体、流转方式、用途、程序、交易规则、价格形成机制、利益分配等方面进行探索，系统分析改革的进展，并结合相关争论探讨这项改革试点的局限性和存在的问题，对继续深化改革提出建议。

一 改革背景

（一）农村集体建设用地的由来[①]

集体土地制度是我国在曲折的历史进程中逐步产生的制度安排。新中国成立后，国家开展了土地改革，废除了地主土地所有

---

① 本部分内容参考了刘守英《农村集体建设用地的来源、权利演变与改革》，载国务院发展研究中心农村经济研究部《农村部讨论稿》2015 年第 15 号。

制，实行农民土地所有制。政府没收了地主的多余房屋及其土地，并征收了农村的学校、祠堂、庙宇、寺院、教堂等公共用地，但"地主兼营的工商业及其直接用于经营工商业的土地和财产，不得没收"。① 也就是说，当时政府为了保护弱小的工商业，对农村的经营性建设用地及其产权给予一定程度的承认和保护。但是，随着 20 世纪 50 年代农村合作化加速推进，到人民公社时期，农村土地从农民私有改为集体所有，实行公社、生产大队和生产队三级所有制。1982 年，国家制定了新的《宪法》，明确规定："城市的土地属于国家所有，农村和城市郊区的土地，除由法律规定属于国家所有的以外，属于集体所有；宅基地和自留地、自留山，也属于集体所有。"

新时期农村集体土地上的经营性建设用地的出现，与农村工业化的进程密不可分。20 世纪 80 年代农村第二、三产业加快发展，乡镇企业异军突起，农村集体建设用地开始大量出现。面对农村第二、三产业发展所产生的土地利用需求，1982 年的《村镇建房用地管理条例》（以下简称《条例》）规定："举办乡镇企业使用农村集体所有的土地的，应当依照法律、法规的规定，办理有关用地批准手续和土地登记手续。"但是，由于当时管理机制不完善，尽管该《条例》对规划和用地标准、审批等事项和程序做出明确规定，但实际运行中各地并没有完全落实。无论是乡办企业、村办企业还是农民自建房，在管理上都不够规范，导致短时期内农村建设用地快速扩张。1981～1985 年，农村宅基地和社队企业建设用地的增长连续五年超过国家建设用地的增长。据估算，1978 年全国乡镇企业用地为 235.5 万亩，到 1985 年已增加到 844.5 万亩。②

---

① 参见《中华人民共和国土地改革法》，1950 年 6 月。
② 数据来源于国家土地管理局编《土地管理资料》，1997，内部资料。转引自刘守英《农村集体建设用地的来源、权利演变与改革》，载国务院发展研究中心农村经济研究部《农村部讨论稿》2015 年第 15 号。

为了遏制农村建设用地的扩张势头、保护耕地和粮食生产能力，1987年国家出台了《土地管理法》，按照《宪法》的规定，将城市国有土地和农村集体土地"区别化管理"。《土地管理法》明确了国有建设用地从农民集体征用的用途、方式以及审批和补偿安置办法，并从四个方面规范了乡村建设用地即集体建设用地的使用：第一，明确要求乡村建设规划需经县级或市级人民政府批准；第二，乡村企业建设需要使用土地的，需向县级政府土地管理部门提出申请，由县级以上地方政府批准；第三，乡村公共设施、公益事业建设需要使用土地的，需经乡政府审核，报县政府批准；第四，地方各级政府制定乡村建设用地控制指标，报上一级政府批准执行。[①]

但是，地方政府尤其是基层政府受本地经济发展的财政激励和绩效考核激励因素影响，大力发展乡镇企业，使农村建设用地的扩张势头难以遏制，农村建设用地总量持续扩张。随后，国家将严格控制集体建设用地市场纳入政策议程，并对集体所有土地的出让做出明确限制。如1992年颁布的《国务院关于发展房地产业若干问题的通知》规定，集体所有土地不得直接出让；1998年修订实施的新《土地管理法》规定，农民集体所有的土地使用权不得出让、转让或者出租用于非农建设。这一规定表明，国家对农村建设用地挤占耕地的现象保持高度警惕，为了保护耕地，对农村的建设用地总量进行控制，而对国有建设用地与原有的集体建设用地进行差别化管理：国有建设用地可以依法转让，实行有偿使用制度，国家可以依法对集体所有的土地进行征用；而集体建设用地仅限定于兴办乡镇企业、建设村民住宅、建设乡村公共设施和公益事业。而1999年《国务院办公厅关于加强土地转让管理严禁炒卖土地的通知》，针对"非法交易农民集体土地的现象比较严重"等问题，明确规定"农民集体土地使用权不得出让、转

---

① 参见《土地管理法》，1987年。

让或出租用于非农业建设;对符合规划并依法取得建设用地使用权的乡镇企业,因发生破产、兼并等致使土地使用权必须转移的,应当严格依法办理审批手续"。

除了"规范土地管理""保护耕地"等政策目标,这一制度安排还使地方政府能够通过垄断土地一级市场,控制征地成本,在土地开发中获取大量财政收入。一些地方的土地开发收入甚至成为当地政府的主要收入来源,这也导致地方政府的征地积极性空前高涨,地方政府为了获得更大收益,更倾向于在制度上继续垄断土地一级市场,堵塞集体建设用地入市的通道。

(二) 各地农村集体建设用地的使用状况

工业化和城市化的推进都离不开土地。尽管国家的管理规范是统一的,但是各地在落实时往往进行变通或者有针对性地加以落实,甚至在制度规范未明确之前加紧制造"既得事实"。在不同地区,集体建设用地的使用也呈现不同的形态:在工业化快速推进的沿海地区,受历史原因和土地开发的利益激励,农村集体建设用地市场一直存在;[1] 在城市化快速扩张的城镇,由于历史原因以及农村集体和农民的既得利益影响,城中村的建设用地规模也极为可观。尽管集体建设用地在传统农区也存在,但主要还是集中在沿海地区和城中村。

1. 东南沿海地区

改革开放后,工业化用地需求激增,但最初政府难以支付相应的土地开发成本,也缺乏基本的管理制度,使得先行工业化的地区在原有的集体土地上工业化,农村建设用地迅速扩张。特别是在改革开放中"先行一步"的东南沿海地区,企业投资办厂对土地的需求急剧上升,一些地方政府和农民集体将手中的土地或者在土地上建好的厂房、仓库等物业出租给企业使用,形成了以

---

[1] 伍振军、林倩茹:《农村集体经营性建设用地的政策演进与学术论争》,《改革》2014 年第 2 期。

集体土地为主的城镇化和工业化进程。以广东省佛山市南海区为例，2002 年南海区工业用地共有 15 万亩，其中集体所有的土地达到 7.3 万亩。[①]

这些做法为工业化的快速推进创造了条件，但问题也逐步暴露出来。在政府没有能力组织土地开发时，分散化的土地开发，不仅能够及时补充工业用地的供给需求，而且使得农村集体和农民能够分享工业化和城市化所带来的土地增值收益。但与此同时，随着法律的逐步完善，这些做法与法律规定之间的不一致性也越来越明显。随着土地开发的推进，使用者也不断变更，加之行政区划和规划反复调整，作为土地所有权人的集体成员增增减减，要将这部分土地的管理纳入现有的法律规范，难度越来越大。一方面，原有的在集体土地上分散开发、"遍地开花"的土地开发模式，随着经济的转型升级，弊端越来越明显。这样的土地开发方式使得土地使用零碎、低效、混乱，难以适应现代产业发展的需求。另一方面，地方政府和基层政府在集体建设用地问题上与农民长期博弈，而集体土地权利内容、集体成员资格认定等事项在法律上模糊不清，上访事件、群体性事件由此滋生。

2. 城乡结合地区

城市扩张首先影响到城市周边的原有农村，但在扩张过程中，往往是耕地等生产用地先被政府征用开发，而一部分原有的村镇企业、村委会和农民住宅用地由于各种原因而被保留下来。这就形成了极具特色的"城中村"现象，这些被城市包围的村庄将手里的集体经营性建设用地、公益性用地和宅基地用于盖房出租，或者将土地非法转让或转租给流动人口或企业使用，形成了"灰色"土地市场——这一市场规模不小、广为人知，但并没有取得合法的身份和充分的权能。例如 2014 年北京市城乡结合部的 1673

---

① 数据来自刘守英《农村集体建设用地的来源、权利演变与改革》，第 13 页。

个村（社区），保留的农民集体自用土地超过 300 万亩；2014 年深圳市的建设用地共有 917.8 平方公里，其中原农村集体经济组织所有的土地达到 390 平方公里。①

大量流动人口为城中村的开发创造了条件，而城中村也为这些流动人口进入城市创造了相对低廉的生活成本，降低了进城门槛。这一开发模式在惠及城中村的集体和农民的同时，也为城市吸纳低端就业人口、实现有梯度的城镇化提供了空间。但是，由于城乡结合部的基础设施和公共服务往往由村庄集体组织提供，在环境治理、治安管理等方面问题较多。而在城中村，在规划外私搭乱建等问题较为普遍，这又使得当地方政府在试图通过正式途径征收这部分土地时，面临的挑战、障碍加剧，成本提高。城中村的治理成为城市发展的普遍难题，影响到城市空间的统筹利用和有序开发。

（三） 改革前集体建设用地入市的政策演进

由于乡镇企业的兴起带来了集体建设用地的存量，对这部分存量土地的管理一直是政策关注的焦点。随着 20 世纪 80~90 年代乡镇企业异军突起之后又逐渐式微，用地主体出现了较大的变化；而随着宏观市场环境和外部条件的变化，大量农村劳动力转移到城市务工就业，一些农村宅基地也出现闲置。盘活农村建设用地的存量资源成为政策重点。2004 年 9 月，国务院出台了《关于深化改革严格土地管理的决定》，提出"鼓励农村建设用地整理，城镇建设用地增加要与农村建设用地减少相挂钩"；2005 年，国土资源部制定了《关于规范城镇建设用地增加与农村建设用地减少相挂钩试点工作的意见》，部署在部分省市开展"增减挂钩"试点。

城乡建设用地"增减挂钩"为城市化和工业化所带来的用地需求找到了突破口，使地方政府得以扩展土地开发空间，迅速成

---

① 数据来自刘守英《农村集体建设用地的来源、权利演变与改革》，第 22 页。

为地方政府通过"土地开发"带动城市发展的有效举措。但与此同时，由于对存量建设用地的管理规范性不强，对于如何减少农村建设用地，虽然中央反复强调不得侵害农民利益，但实际运作过程中，"逼农民上楼"以减少宅基地、获取建设用地指标的现象时有发生。一些地区还用强制农民"上楼进城"的办法推动"村改居"，并把它作为城乡统筹发展的着力点。在此过程中，农民与村集体、基层政府之间的纠纷愈演愈烈，这也成为农村新的矛盾增长点。2007年，国务院办公厅在《关于严格执行有关农村集体建设用地法律和政策的通知》中指出："不得以试点为名违背农民意愿大拆大建、强制搬迁，侵害农民权益。"2008年6月国土资源部又制定了《城乡建设用地增减挂钩试点管理办法》，明确规定地方不经国土资源部同意，不得擅自推进"增减挂钩"试点。2010年12月，国务院还专门发出《关于严格规范城乡建设用地增减挂钩试点 切实做好农村土地整治工作的通知》，指出："少数地方片面追求增加城镇建设用地指标、擅自开展增减挂钩试点和扩大试点范围、突破周转指标、违背农民意愿强拆强建等一些亟须规范的问题，侵害了农民权益，影响了土地管理秩序，必须采取有力措施，坚决予以纠正。"

在这一方面，一些地方在规范农村建设用地交易市场、探索土地增值收益在城乡之间均衡配置方面，进行了卓有成效的改革试点。如广东省在2005年发布了《广东省集体建设用地使用权流转管理办法》（粤府令第100号），将集体建设用地使用权的出让、出租和转让、转租以及抵押等事项纳入管理，并对土地收益的管理分配做出明确规定。重庆在推进城乡统筹的改革中建立了市场化的建设用地指标交易机制，2009年1月《国务院关于推进重庆市统筹城乡改革和发展的若干意见》规定，"设立重庆农村土地交易所，开展土地实物交易和指标交易试验，逐步建立城乡统一的建设用地市场"。这一做法使得偏远的农村地区能够分享农地转为建设用地所带来的增值收益，改革受到各方关注。

与此同时,现有土地市场的管制带来的一系列弊端越来越明显,有学者将其概括为"土地治理困境"——经济运行依赖土地开发形成恶性循环、地方债务风险和官民冲突加剧等。[①]面对这些挑战,建立"城乡统一的建设用地市场"越来越成为中央的政策考量。2008年10月十七届三中全会通过的《中共中央关于推进农村改革发展若干重大问题的决定》中,将"逐步建立城乡统一的建设用地市场"作为改革目标。2009年中央1号文件《关于促进农业稳定发展农民持续增收推动城乡统筹发展的若干意见》中,进一步重申了这一改革目标,而建立城乡统一的建设用地市场,也就意味着"农村建设用地直接入市"成为可能。

二 集体经营性建设用地入市改革

(一)改革方案

1. 改革内容

十八届三中全会通过的《中共中央关于全面深化改革若干重大问题的决定》对集体经营性建设用地入市做出明确的安排,把它作为"建立城乡统一的建设用地市场"的重要内容,并明确入市的前提是"在符合规划和用途管制前提下",入市的途径是"允许农村集体经营性建设用地出让、租赁、入股",原则和方向是"与国有土地同等入市、同权同价"。

此次改革与十七届三中全会提出的"逐步建立城乡统一的建设用地市场"虽只去掉了"逐步"二字,但内涵差异较大,突破了"土地利用规划确定的城镇建设用地范围外"的限定。十七届三中全会文件的着眼点是全面推进农村改革发展,因而其建设用地改革的思路是在城镇规划区之外,即在农村从事非农产业开发

---

① 参见刘守英《直面中国土地问题》,中国发展出版社,2014。

时，允许集体建设用地不征地。但由于城镇规划区外的建设用地范围小，而且政府和企业都有征地开发、使用国有土地的动力，因此改革很难推进。[①] 而十八届三中全会的改革则在入市范围、途径和权利等方面做出了具体安排，在改革进展上有了实质性的突破。

在《关于农村土地征收、集体经营性建设用地入市、宅基地制度改革试点工作的意见》中，明确了改革试点的主要任务："一是完善土地征收制度。针对征地范围过大、程序不够规范、被征地农民保障机制不完善等问题，要缩小土地征收范围，探索制定土地征收目录，严格界定公共利益用地范围；规范土地征收程序，建立社会稳定风险评估制度，健全矛盾纠纷调处机制，全面公开土地征收信息；完善对被征地农民合理、规范、多元保障机制。二是建立农村集体经营性建设用地入市制度。针对农村集体经营性建设用地权能不完整，不能同等入市、同权同价和交易规则亟待健全等问题，要完善农村集体经营性建设用地产权制度，赋予农村集体经营性建设用地出让、租赁、入股权能；明确农村集体经营性建设用地入市范围和途径；建立健全市场交易规则和服务监管制度。三是改革完善农村宅基地制度。针对农户宅基地取得困难、利用粗放、退出不畅等问题，要完善宅基地权益保障和取得方式，探索农民住房保障在不同区域户有所居的多种实现形式；对因历史原因形成超标准占用宅基地和一户多宅等情况，探索实行有偿使用；探索进城落户农民在本集体经济组织内部自愿有偿退出或转让宅基地；改革宅基地审批制度，发挥村民自治组织的民主管理作用。四是建立兼顾国家、集体、个人的土地增值收益分配机制，合理提高个人收益。针对土地增值收益分配机制不健全、兼顾国家、集体、个人之间利益不够等问题，要建立健全土地增值收益在国家与集体之间、集体经济组织内部的分配办法和

---

① 刘守英：《农村集体建设用地的来源、权利演变与改革》，第42~43页。

相关制度安排。"

表面上看，涉及集体经营性建设用地入市改革的主要任务，就是上述第二款和第四款，即建立集体经营性建设用地的入市制度，在国家、集体和个人之间合理分配土地增值收益。但事实上，由于集体建设用地入市是建设用地市场中新的土地来源，其与征地制度改革之间有着必然的联系。一旦缩小征地范围，一些土地开发无法通过征地来实现，那么如何满足用地需求？尽管在分析集体经营性建设用地入市改革时要突出重点，但仍然有必要将这些改革任务作为整体通盘考虑。

2. 试点范围

按照规定，我国的集体建设用地可以分为三大类：一是农民集体兴办企业或者与其他单位、个人以土地使用权入股、联营等形式共同使用的企业用地，属于"集体经营性建设用地"；二是集体公共设施和公益事业建设用地；三是农民的宅基地。后两类都不属于集体经营性建设用地，且十八届三中全会对宅基地的改革也有专门的制度安排，本文不做讨论。因此，从集体经营性建设用地入市改革的安排来看，本项改革仅针对第一类土地。

正如国土资源部在向十二届全国人大常委会第十三次会议做《关于授权国务院在北京市大兴区等33个试点县（市、区）行政区域暂时调整实施有关法律规定的决定（草案）》说明时所指出的："试点行政区域只允许集体经营性建设用地入市，非经营性集体建设用地不得入市。入市要符合规划、用途管制和依法取得的条件。入市范围限定在存量用地。同时建立健全市场交易规则、完善规划、投资、金融、税收、审计等相关服务和监管制度。"也就是说，此轮改革集中在现有的存量集体经营性建设用地上，并不涉及新增集体经营性建设用地的问题。在改革所涉及的土地资源总量上，据调查推算，截至2013年底，全国共有集体经营性建设用地存量约4200万亩，占全国建设用地总量的13.3%左右。

在 33 个"三块地"的试点县（市、区）中，关于集体经营性建设用地入市改革的试点县（市、区）一共有 15 个。并且按照规定，试点任务封闭运行，也就是说，试点集体经营性建设用地入市改革的地方，不开展宅基地制度改革和征地制度改革的试点。此外，文件还规定，试点工作从 2015 年 2 月起到 2017 年底结束。

资料一："农村集体经营性建设用地入市改革"试点地区

北京市大兴区
山西省泽州县
辽宁省海城市
吉林省长春市九台区
黑龙江省安达市
上海市松江区
浙江省德清县
河南省长垣县
广东省佛山市南海区
广西壮族自治区北流市
海南省文昌市
重庆市大足区
四川省郫县
贵州省湄潭县
甘肃省陇西县

---

3. 相关法律

由于此次改革试点的相应举措与部分法律的具体规定不一致，因此改革需要得到立法机构授权。2015 年 2 月全国人大常委会在授权国务院在 33 个试点县（市、区）行政区域暂时调整实施《土地管理法》《城市房地产管理法》有关规定时明确，集体经营性建设用地入市涉及调整的法律包括以下几处。

（1）《土地管理法》第四十三条第一款："任何单位和个人进行建设，需要使用土地的，必须依法申请使用国有土地；但是，兴办乡镇企业和村民建设住宅经依法批准使用本集体经济组织农民集体所有的土地的，或者乡（镇）村公共设施和公益事业建设经依法批准使用农民集体所有的土地的除外。"

（2）《土地管理法》第六十三条："农民集体所有的土地的使用权不得出让、转让或者出租用于非农业建设；但是，符合土地利用总体规划并依法取得建设用地的企业，因破产、兼并等情形致使土地使用权依法发生转移的除外。"

（3）《城市房地产管理法》第九条："城市规划区内的集体所有的土地，经依法征收转为国有土地后，该幅国有土地的使用权方可有偿出让。"

根据全国人大常委会的决定，国务院可以在试点行政区域暂时调整实施上述法律中关于集体建设用地使用权不得出让的规定。在符合规划、用途管制和依法取得的前提下，允许存量农村集体经营性建设用地使用权出让、租赁、入股，实行与国有建设用地使用权同等入市、同权同价。

（二）试点进展

国土资源部在介绍改革试点的保障措施时强调："推进改革试点将坚持'封闭运行、风险可控'的原则，坚守确保土地公有制性质不改变、耕地红线不突破、农民利益不受损的底线，坚持从实际出发、因地制宜。"这"三条底线"成为本轮土地制度改革的基础性要求。与此同时，国土资源部还指出："国土资源部等有关部门将加强对试点工作的整体指导和统筹协调、监督管理，按程序、分步骤审慎稳妥推进，确保试点工作顺利开展。"[1] 各地的改革试点方案需要报国土资源部门批准。

因此，在中办、国办《关于农村土地征收、集体经营性建设用地入市、宅基地制度改革试点工作的意见》及全国人大常委会《全国人大常委会关于授权国务院在北京市大兴区等三十三个试点县（市、区）行政区域暂时调整实施有关法律规定的

---

[1] 《全国人大常委会拟授权国务院在33个试点县（市、区）暂时调整实施土地管理法的相关规定》，新华网，2015年2月26日。

决定》下发后，各试点地区结合本地实际提出了试点方案并上报。2015年6月，国土资源部批准了浙江省德清县等15个县（市、区）的集体经营性建设用地入市试点改革方案，改革试点进入实施阶段。

2015年8月19日，浙江省德清县以协议出让方式完成了全国首宗农村集体经营性建设用地入市，德清县莫干山镇仙潭村一宗6.06亩的闲置厂房用地，以协议出让方式转给了投资商。2015年8月27日，贵州省湄潭县敲响了全国农村集体经营性建设用地使用权拍卖的"第一锤"，拍卖宗地面积3332平方米，规划用途为商业和服务业，最终以80万元成交。2015年9月7日，四川郫县一宗面积为13.447亩的农村集体经营性建设用地使用权以每亩52.5万元总价705.9675万元的价格挂牌出让成功。2015年9月8日，浙江省德清县又以拍卖方式成功出让了一宗农村集体经营性建设用地。2016年1月15日，北京市大兴区首宗挂牌出让的集体经营性建设用地西红门镇地块由北京赞比西房地产开发有限公司竞得，地块总金额为8.05亿元，折合土地楼面价为1.5万元/平方米。① 截至2016年4月底，在15个推进集体经营性建设用地入市改革的试点地区中，类似的直接入市的土地共有97宗约1277亩，仅浙江省德清县已入市土地就达到45宗。②

---

① 关于试点地区的项目数据及其做法均来自媒体公开报道以及中国发展研究基金会调研组在浙江、贵州等地调研获得的相关资料。
② 张光光：《"三块地"改革的冰与火》，《民主与法制时报》2016年8月2日。该文作者认为，为期3年的"三块地"改革试点，时间已经过去了一半，改革进展冷热不均，"三块地"中的集体经营性建设用地入市取得较大突破，比较"火热"。

表 1 截至 2016 年初部分改革试点地区的入市项目情况

行政区域	入市方式	出让人	受让人	入市途径/交易场所	用途	使用年限	到期后地上建筑物归属	其他
贵州湄潭	拍卖出让	土槽村村委会	个人竞得	拍卖会	商业服务业设施用地	40 年		
浙江德清	拍卖出让	德清县洛舍镇砂村股份经济合作社	法人、其他组织和个人,可联合申请		商业服务业设施用地	40 年		拟办理抵押贷款
	协议出让	德清县莫干山城建发展有限公司	德清县莫干山镇醉清风度假村		工业用地	40 年		
	挂牌方式租赁	德清县新市镇蔡界村股份经济合作社		德清公共资源交易中心	工业用地	50 年		地价支付方式以五年为周期,今后每周期递增 10%
	挂牌出让	德清县雷甸镇洋北村股份经济合作社			工业用地	50 年	使用权到期后,地面建筑物和其他附着建筑物残值评估处置等资产的处置由竞买人与出让方另行协商解决	本宗地块涉及地上建筑物、构筑物等资产的处置由竞买人与出让方另行协商解决
山西泽州	租赁	科沃商贸有限公司		就地入市	工业用地	20 年		
北京大兴	挂牌出让	北京市盛世宏祥资产管理有限公司	法人、自然人和其他组织均可申请参加竞买,不接受联合竞买	北京市土地交易市场大兴分市场	绿隔产业用地	40 年		

续表

行政区域	入市方式	出让人	受让人	入市途径/交易场所	用途	使用年限	到期后地上建筑物归属	其他
四川郫县	挂牌出让	郫县唐昌镇战旗资产管理公司		郫县公共资源交易服务中心	村城商业服务设施用地	40年		
甘肃陇西	拍卖出让		甘肃印象核桃开发有限公司取得	交易会				可以办理抵押
	协议出让	巩昌镇西街村委会	华宝食品公司					
佛山南海	挂牌出让	沥镇太平村北海股份经济合作社		南海区公共资源交易中心	科教用地	30年	到期后土地使用权和上盖物业返回经济社集体所有	交易成功后该宗地块还需缴纳出让金收入10%的土地增值收益调节金
	采用竞价方式进行招租	丹灶镇石联村石西股份合作经济社			工业用地	50年		按地块现状支付竞共使用;五年为一个递增周期,租金在上一周期基础上递增15%
重庆大足	拍卖	金顶镇东岳村2组	重庆大足石刻国际旅游集团有限公司竞得	重庆市大足区公共资源综合交易服务中心	商业服务业设施用地	40年		
	公开出让询价方式	龙水镇保竹村1组集体经济组织			工业用地	50年		

资料来源:秦末慧:《集体经营性建设用地使用权入市的相关法律问题》,http://finance.sina.com.cn/sf/news/2016-01-05/171815852.html。

(三) 主要做法

试点地区的首要工作是摸清底数。国土资源部曾表示,在确定试点地区时,坚持小范围试点,试点以县(市、区)行政区域为单位,统筹东、中、西部和东北地区,兼顾不同发展阶段和模式,主要在新型城镇化综合试点和农村改革试验区中安排。在试点选择方面,国土资源部主要依照三个标准:一是试点地区党委政府重视程度高,工作基础比较好;二是农村集体土地确权登记颁证率高,土地利用总体规划和城乡规划全面覆盖,土地管理秩序好;三是农村集体组织健全,群众支持。① 而对于试点地区来说,开展试点任务的第一项工作就是对本行政区域内的存量经营性建设用地进行普查,并结合以往探索和本地实际,对入市程序、交易规则、收益分配等改革关键问题进行调查研究。

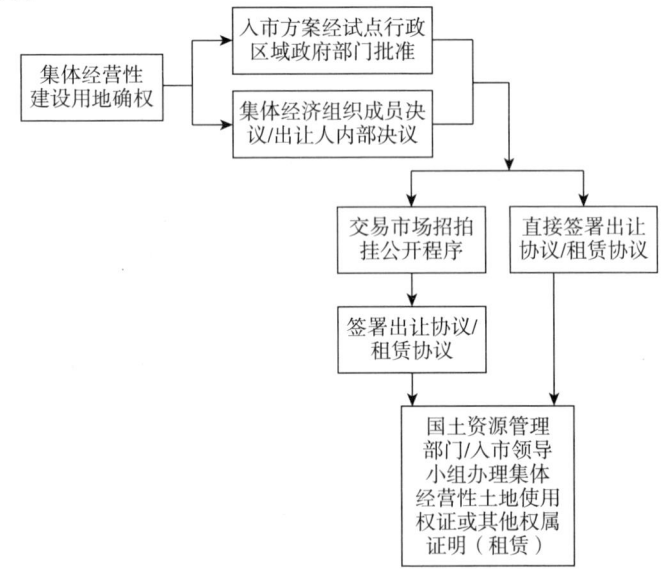

图1 北京市大兴区试点项目操作流程

资料来源:秦永慧:《集体经营性建设用地使用权入市的相关法律问题》,http://finance.sina.com.cn/sf/news/2016-01-05/171815852.html。

---

① 参见关庆丰《全国33个县市区拟允许集体经营性建设用地入市》,《新京报》2015年2月26日。

试点地区政府普遍出台了农村集体经营性建设用地入市管理办法或暂行规定，对入市途径和范围、入市主体、入市方式、入市程序、收益管理、相关主体的权责配置等做出明确规定，并通过一系列配套政策对抵押担保等事项做出明确规定，为建立城乡统一的建设用地市场做了大量探索性工作。

首先是在入市主体上，围绕"谁来入市"的问题，各试点地区的探索可以分为两类。一类是由农民集体经济组织或村民委员会来入市，浙江省德清县和贵州省湄潭县都采取这一做法。如浙江省德清县规定农村集体经营性建设用地入市主体是代表集体经营性建设用地所有权的农村集体经济组织，由村股份经济合作社（村经济合作社）或其代理人作为入市实施主体。另一类是由农民集体授权的具有法人资格的农村集体资产管理有限公司、集体经济联社等作为入市实施主体，如北京市大兴区、上海市松江区。

其次是在入市途径上，围绕"如何入市"的问题，试点探索就地入市、调整入市等多种办法。调整入市，主要是参照城乡建设用地"增减挂钩"的做法来推行。如浙江省德清县规定："农村零星、分散的集体经营性建设用地，可在确保耕地数量不减少、质量有提高的前提下，由集体经济组织根据土地利用总体规划和土地整治规划，先复垦后异地调整入市。""异地调整地块涉及不同集体经济组织的，可相互调换土地所有权。""异地调整地块涉及不同级差的，可采用货币补差等方式调换所有权。无法以地换地调换所有权的，可采用纯货币补偿方式调换所有权，调出土地方可参照被征地农民纳入社会养老保障体系。"[1]

最后是在收益分配上，围绕"土地增值收益如何分配"的问题，各试点地区都力图实现在国家、集体和个人之间合理分配土地增值收益的目标，但由于各地情况差别较大，各试点地区采取

---

[1] 参见《德清县农村集体经营性建设用地入市管理办法（试行）》第二章第七、八、九条。

的做法不尽相同。收益分配中的核心问题是土地增值收益调节金的征收比例。土地增值收益调节金就是集体经营性建设用地入市后取得的土地入市收益中向国家缴纳的部分,在土地增值收益调节金的征收比例上,除贵州省湄潭县确定了12%的征收比例外,其他征收土地增值收益调节金的试点地区都实行了差别化的比例,如浙江省德清县就考虑到商业、工业用地规划用途和区位差异,差别化确定了16%～48%的土地增值收益调节金的征收比例。在地方试点基础上,2016年4月财政部制定了《农村集体经营性建设用地土地增值收益调节金征收使用管理暂行办法》,规定"调节金分别按入市或再转让农村集体经营性建设用地土地增值收益的20%～50%征收",试点县可以"综合考虑土地增值收益情况,按照土地征收转用与农村集体经营性建设用地入市取得的土地增值收益在国家和集体之间分享比例大体平衡以及保障农民利益等原则,考虑土地用途、土地等级、交易方式等因素,确定调节金征收比例"。

(四) 改革成效

在试点中,农村集体经营性建设用地入市基本上实现了与国有土地的同权同价,通过改革,初步盘活了既有的农村建设用地资产、实现了通过市场机制合理配置资源要素、理顺了国家与农村集体和村民之间的土地增值收益的共享机制。

第一,在通过试点积累经验、探索完善集体建设用地入市的制度建设方面,改革试点取得了明显成效。在市场交易规则和服务监管制度上,试点地区在入市交易平台建设、基准地价、规划建设管理、财务审计、抵押担保等方面,建立健全相关服务和监管制度。如浙江省德清县通过协议出让测试政策制度、通过拍卖出让测试土地市场、通过挂牌出让测试交易平台、通过租赁入市测试群众观念、通过调整入市测试系统集成,相关的制度与平台建设不断完善、市场环境不断改善。

第二,在实现"同权同价"的改革目标方面,改革试点基本实现了"集体经营性建设用地与国有建设用地同等入市、同权同价"。如 2015 年 12 月,北京市大兴区农村集体建设用地实现挂牌出让,地块面积 2.67 万平方米,交易起始价 45428 万元,均价达 1134.8 万元/亩,比大兴区国有商业、办公用地均价高约 300 万元/亩,集体建设用地与国有建设用地基本实现了同权同价。① 试点地区还普遍出台了关于鼓励金融机构开展集体经营性建设用地使用权抵押贷款的指导意见,指导落实使用权的抵押权能。

第三,在收益分享方面,集体经营性建设用地直接入市,增加了农民集体和农户个体获得的土地开发增值收益,增强了农民和村集体在改革中的获得感。改革试点以"同权同价同责"为着眼点,在收取土地增值收益调节金的同时,也明确了农村内部的收益分配机制。如浙江省德清县根据三级集体经济组织的特点,差别化落实农民和集体收益,并通过股权量化等办法帮助村集体和村民实现长远稳定收益,让群众切实分享到改革红利,也为壮大农村集体经济创造了条件。

第四,在盘活建设用地资源存量方面,改革激活了市场机制在土地资源配置中的基本功能,对盘活存量资源、优化土地开发格局产生了积极效果。由于原乡镇企业发展过程缺乏统筹规划,存量的集体经营性建设用地存在分布零散、开发粗放等问题,而通过市场机制对这些土地资源进行出让出租、转让转租甚至置换处置,可使存量建设用地的开发更加集约、使用效率更高。

三 改革试点中的问题

集体经营性建设用地入市改革是一项系统工程,不仅涉及相关利益主体的切身利益,而且涉及土地资源的优化配置和城乡统一的建设用地市场的发育。但与国家对这项改革所设定的目标任

---

① 参见伍振军《深化农村改革,释放增长潜力》,光明网。

务相比，地方的改革试点还存在一些不足之处，要想顺利完成改革试点、实现改革目标，还需要重视解决以下问题。

（一）集体产权制度改革滞后问题

集体经营性建设用地入市，是集体产权制度改革中的重要内容。但集体产权制度改革的文件尚未出台，使上位制度规范缺位问题显得尤为突出。比如集体经营性建设用地入市以后，相关收益在集体中的分配问题，虽然改革试点方案中都有所涉及，但对其合理性和规范性难以准确把握。在此背景下，集体成员资格的认定、集体经济组织的管理和运作等问题在各地都有不同程度的显现，而集体经营性建设用地入市又将带来巨大的集体收益，对这些收益的管理和分配容易引发新的矛盾和问题，影响到兼顾国家、集体和个人的土地增值收益分配机制的建立。

（二）存量集体建设用地资源分布不均衡

改革试点完全立足于集体经营性建设用地的存量资源上，但是从集体经营性建设用地形成的历史过程来看，改革开放初期乡镇企业在各地发展极不平衡，珠三角等东南沿海地区规模巨大，长三角地区数量较多，而中西部地区由于乡镇企业发展乏力，存量资源极为有限，集体经营性建设用地的数量在区域分布上的差异较大。[1] 据调研，北京市农村集体经营性建设用地达 81.3 万亩，[2] 而中西部等乡村企业和个体经济比较落后的地区，数量则少得可怜。[3] 在改革中，土地数量上的差异导致东西部地区农民在土地收益上受益程度不一，不仅没有缩小反而可能进一步扩大东西部地区农民之间的收入差距。

---

[1] 仕小石、白中科：《集体经营性建设用地入市收益分配研究》，《中国土地》2016 年第 1 期。
[2] 伍振军：《深化农村改革　释放增长潜力》，光明网。
[3] 宋志红：《集体经营性建设用地入市改革的三个难点》，《行政管理改革》2015 年第 5 期。

(三) 本轮改革试点与各地之前的探索缺乏衔接

集体经营性建设用地是在历史中形成的，随着乡镇企业的起伏变化，其入市流转的问题一直存在。针对这一问题，各地开展了一系列卓有成效的探索，比如国土资源部在 2000 年就在安徽省芜湖市等地开展了试点，广东省在 2005 年就出台了集体建设用地使用权流转管理办法。这些探索积累了大量宝贵的管理经验，一些探索在广度和深度上甚至走在了本轮改革试点的前面。而本轮改革如何与之前的地方探索进行有效对接，充分汲取地方探索经验，不断拓展和深化改革，仍然是改革试点中需要关注的突出问题。

(四) 改革试点缺乏整体统筹

"三块地"的改革在不同的试点地区分头进行、"封闭运行"，使得具有内在联系的改革内容不能打通，很难完全起到通过试点积累经验、发现问题并进一步完善制度的目标。集体经营性建设用地入市改革是"建设城乡统一的建设用地市场"改革任务的重要组成部分，它与征地制度改革是密切关联的，因为征地范围缩小后产生的建设用地需求缺口，需要集体建设用地入市作为配套举措。但是由于改革试点被人为割裂，虽然管控住了风险，不过这样的试点很难完全探明出路。

(五) 试点的面较窄

土地制度的改革调整牵一发而动全身，在全面铺开之前需要做出较为充分的准备。但目前集体经营性建设用地的改革试点只在 15 个县开展，虽然在试点选择上已经考虑到地区差异性等因素，但与全国 2000 多个县的规模相比，15 个县仍然数量过小。按照十八届三中全会的部署，改革试点要在 2017 年底之前完成，而在 2020 年底之前要完成改革任务，但目前试点面窄、点少，要顺利完成改革任务亟须扩大试点的面。

四 下一步推进集体经营性建设用地入市改革试点的建议

从 2015 年改革试点正式落地到 2017 年底试点进程结束,在集体经营性建设用地入市改革中,已经积累的经验、取得的成效为下一步完善和拓展试点创造了条件。针对目前改革试点中存在的突出问题,建议下一步在改革试点中加强顶层设计、补齐改革短板,着眼于改革的整体目标细化部署、加强协作。

(一) 加大试点力度

先试点后推广,通过试点凝聚共识、积累经验,这是我国在以往的农村改革过程中的重要经验,也是推进改革的成功做法。建议在改革试点中,把具有内在关联的试点任务打通,允许同一个地区开展多项试点,比如在一些具备条件的地区叠加集体经营性建设用地入市改革和征地制度改革的试点,通过试点真正识别和发现可能存在的问题、风险,并通过制度建设不断处置这些问题和风险,以为后续改革铺开、推进积累经验。进一步扩展试点地区,在不同背景和条件的地区进行更大规模的试点,使集体经营性建设用地入市改革的方案更具有适应性。

(二) 加速推进农村集体产权制度改革

集体所有制是我国一项极具特色的制度安排,也是我国农村土地制度的基本特质。随着集体经营性建设用地入市,集体获得的增值收益增加,需要加快推进集体产权制度改革,进一步明确集体所有制的实现形式,明确农村集体经济组织的市场主体地位,明确集体成员的资格和权利。与此同时,还要进一步明确集体经营性建设用地在出让或转让到期后的处置办法,为真正实现国有土地与集体土地"同价同权"奠定基础。

(三) 加强对已有探索经验的总结和借鉴

对地方在不同时期自主开展的集体经营性建设用地入市的改

革探索，要加强经验总结和借鉴。本轮改革试点也需要与此前的地方探索进行有效对接、良性互动，使改革试点能在短时间内形成更加合理、更加精准的方案设计。要充分激发地方和基层在改革探索中的积极性，尊重基层和农民的首创精神，发挥他们在改革中的主体作用，继续支持和鼓励地方围绕中央确定的改革目标任务，在中央提出的底线要求下自主开展试点。

（四）加快立法与改革衔接

集体经营性建设用地入市改革涉及对现有法律法规和政策的突破，试点前经全国人大常委会授权暂停了试点地区相关法律的实施。而改革试点在推进过程中，发现抵押担保等事项也触及现有法律规定。通过试点发现问题正是改革试点的意义所在，但要加快立法与改革试点的衔接，使改革于法有据。要对相关法律规定进行系统梳理，及时分析总结试点过程中遇到的法律问题，为试点完成后相关法律的立、改、废做好充分准备。

中国发展研究基金会
"农村土地制度改革与基层治理"课题组

组　　长：卢　迈
副组长：崔　昕、方　晋
协调人：俞建拖
成　　员：冯文猛、冯明亮、刘　阳、
　　　　　秦婷婷、张延龙
执　　笔：冯明亮

深化土地制度改革　促进城乡协同发展

——2016年"中国农村土地制度改革国际研讨会"综述

2016年5月30~31日，由中国发展研究基金会主办、贵州省人民政府发展研究中心协办的"中国农村土地制度改革国际研讨会"在贵州省湄潭县召开。2016年是土地制度改革的攻坚克难之年。继十八届三中全会决议对深化改革进行了全面部署后，农村各项改革扎实开展，相关试点有序推进。湄潭是我国农村土地改革的先行区和经验库，不仅诞生了"增人不增地、减人不减地"的经验，也是当前"农村土地承包经营权流转管理"试验区，并于2015年8月成功敲响了全国农村集体经营性建设用地入市的"第一锤"。此时此地召开土地改革研讨会，对发现问题、总结经验具有重要意义。

参加会议的共有来自中央部委、智库、国际机构和地方政府部门的100多位农村问题专家、学者以及一线工作者。会议围绕"三块地"改革、土地承包经营权确权登记颁证、农地改革和新型城镇化的关系、现代农业产业体系构建和农村基层治理等当前农地改革的核心议题展开。

一　农村"三块地"改革的背景和问题

农村"三块地"改革是指农村集体经营性建设用地、承包地、宅基地改革，十八届三中全会审议通过的《中共中央关于全面深化改革若干重大问题的决定》分别在第 11、20、21 条中对上述土地改革进行了论述。2015 年，中共中央办公厅、国务院办公厅印发《关于农村土地征收、集体经营性建设用地入市、宅基地制度改革试点工作的意见》，明确在全国选取 33 个县（市、区）进行土地改革。33 个试点封闭运行，其中 3 个试点征地制度改革、15 个试点建设用地入市改革、15 个试点宅基地改革。国务院发展研究中心原副主任陆百甫将中央关于土地制度改革的精神概括为"一稳一活"两个方面："关系要稳"，是指权利明确、边界清楚、期限长久，使农民吃上定心丸；"要素要活"，是指所有权、经营权、承包权、收益权这"四权"可分、可离、可交易，以实现土地的资源化、资产化、资本化，保证城乡生产要素的双向流动。目前"三块地"改革取得了一定进展，但在制度设计和实践操作中还存在一定问题。

（一）征地制度改革

清华大学政治经济研究中心主任蔡继明教授指出，目前的试点回避了公共利益征地原则和对征地范围的确定，只是在征地补偿标准上做文章。试点方案禁止农村宅基地入市，只允许数量有限的农村存量乡镇企业用地入市（并禁止用于房地产开发），而主要以宅基地形式存在的农村集体建设用地（包括由于新农村建设、旧村改造、农民进城务工落户节省出来和闲置的宅基地）以及由于村村合并节省出来的公共设施用地不能入市，城乡统一的竞争性建设用地市场难以形成。

（二）集体经营性建设用地改革

十八届三中全会决议规定："建立城乡统一的建设用地市场。在符合规划和用途管制前提下，允许农村集体经营性建设用地出让、租赁、入股，实行与国有土地同等入市、同权同价。"中国人民大学刘守英教授指出，目前建设用地市场存在二元性，集体土地必须通过征收转变为国有后才能成为建设用地。上述决议内容引发争议之处在于，如何从法律上界定"农村集体经营性建设用地"。农村建设用地包括乡镇企业用地、农村公益性用地、农村宅基地三类，农村集体经营性用地到底属于哪一类还需要通过改革试点来确定。中国发展研究基金会主任俞建拖指出，全国集体经营性建设用地规模接近0.5亿亩，集体经营性建设用地入市改革推进较为顺利，各地试点已有进展，例如湄潭的"第一锤"以80万元成交，亩均16万元，浙江德清和四川郫县土地出让的价格更高，已发生交易的均价都在50万元/亩以上。

（三）宅基地制度改革

十八届三中全会决议规定应"保障农户宅基地用益物权"，刘守英指出，这并没有解释用益物权除了使用权和收益权外，是否包含抵押权，如果允许农房担保抵押，那么还需界定其与宅基地的使用权如何拆分。目前宅基地制度改革中，宅基地只限在村庄内部、村集体经济组织成员间相互流转，这一制度安排严重滞后于现实。蔡继明指出，宅基地只限在集体内部流转，实际上堵塞了农民获取土地财产收益的渠道。俞建拖指出，现在宅基地政策改革还停留在确权颁证、抵押贷款、退出机制上，真正核心的问题没有解决，在国家制度层面上也没有做相关的试点，无法实现宅基地流转的市场价值。

二　土地确权的国际经验和中国实践

土地确权有利于强化对农民土地承包经营权的物权保护、稳定农民与承包地的关系、增加农民的土地投入、激活农村内部各要素的优化配置、方便农民带着财产进城，是当前"三块地"改革的重要基础。本次会议对其做了重点讨论。

（一）国际经验

1. 亚洲和非洲的经验

世界银行发展部原高级顾问约翰·布鲁斯（John Bruce）指

出,土地确权登记从总体上看效果是积极的,但在不同国家和地区并不一致,尤其是在贫困国家常出现负面效果。例如,20世纪60年代,泰国土地改革的效果在早几年是负面的,其后才逐渐转为正面并增加了农民的土地回报;肯尼亚和乌干达的土地登记着眼于小土地所有者,多年来对农民的土地投入影响甚微,只对咖啡种植农户的影响显著;20世纪90年代,越南的土地改革使部分农民获得更多土地,但也增加了失地农民的数量。土地确权的效果正负不一的原因主要有:地权稳定性不仅依靠登记制度的建立,还取决于土地权利的性质、大小和可执行性;农业基础设施建设不达标(如道路不通、缺水)限制土地权利发挥作用;不成熟的登记系统导致农民的土地权利缺乏可持续性;而地方政府在土地改革中的腐败和投机则严重削弱了农民的信心(如柬埔寨)。

布鲁斯教授指出,上述国家土地确权经验对中国的启示有:其一,考虑到实践中的种种因素,土地确权登记的效果可能比预期要差;其二,为了减少土地确权中的腐败,需要法律监督、公共参与以及非政府组织的介入,确权各个环节中充分的公共参与尤为重要;其三,应建立灵活可操作的权利变更体系,这需要广泛的宣传以使农民养成变更登记的习惯,也需要降低农民的变更花费;其四,土地确权的意义不应仅从经济的、农户个人的层面来衡量,还应看到它所具有的公共价值,例如为国家土地管理、征税、规划提供信息支撑。

2. 东欧和苏联的经验

世界银行土地登记项目前官员马尔科姆·柴尔德里斯(Malcolm Childress)指出,1991年以来东欧和苏联的土地改革主要包括三种类型:土地返还、分配土地、分配股权。各国的改革实践共产生了四种模式。第一,中欧和巴尔干国家将土地返还给之前的所有者,导致土地向大农场集中以及农业劳动力外流,此后大规模外国资本直接流入,垂直一体化供应链的投资方便了农民接触到贷款、技术和农产品市场。第二,较穷的中欧国家(例如罗马尼亚、保加利亚、波兰),农业吸收了剩余劳动力,发挥了社会缓冲器的功能,农业生产恢复缓慢。第三,较穷的外高加索和中亚国家(如亚美尼亚、阿塞拜疆、塔吉克斯坦),由于农业生产力和劳动密集型农业缺乏,农业从大农场经营转变为家庭生产,劳动力向农业回流虽然使农业总产出缓慢恢复,但劳动生产率较低。第四,中等收入的苏联(以及后来的哈萨克斯坦、俄罗斯和乌克兰),劳动力稳定、改革缓慢和软预算控制催生了大规模农场,20世纪90年代后期农业投资和农产品垂直一体化加工不断增多。

柴尔德里斯教授指出,东欧和苏联的实践给中国当前的土地改革提供了以下借鉴。其一,初始条件和资源优势对一国农业转型的成功与否影响巨大。那些人均土地面积少的地区,家庭经营的模式更有效(如外高加索和巴尔干);那些资本和土地密集的地区,大型合作农场的模式更有效(如俄罗斯、乌克兰、哈萨克斯坦北部地区)。其二,更强的财产权利可以促使全要素生产率更快地增长;土地可操作的私人产权离不开有明确法律规范的登记和流转系统;弱土地权利通常伴生缓慢的生产力提高,除非有大批外部投资。其三,在有支撑市场的环境下,家庭经营的生产率非常高;在劳动力有机会外流的地区,土地市场的存在促进了生产率的提高。

(二) 中国实践

1. 政策解读

农业部经管司承包合同管理处孙邦群处长解读了确权登记制度的"三个目标"和"七个重点任务"。三个目标是:一是要解决承包地面积不准、四至不清、空间不明、登记簿不健全等问题;二是确认农户对承包地的占有、使用、收益等各项权利,强化对土地承包经营权的物权保护;三是建立土地承包经营权信息应用平台,促进确权成果转化。七个重点任务是:一是历史清查;二是外业作业即土地测绘;三是完善土地承包合同;四是为每家每户的承包地建立登记簿;五是颁发承包经营权证书;六是建立信息应用平台;七是资料存档。他指出,本轮土地确权使产权清晰、界限明了、纠纷减少,为下一步推进土地流转、抵押和有偿退出打下基础,还可以部分地解决土地细碎化和土地抛荒问题。

2. 实践中的问题

在政策执行方面,农业部农村经济研究中心廖洪乐研究员指出了以下问题:经费保障不够及时;军事管制等导致航拍困难;忽视月报,忽视底账,或者账实不符;确权证书未能及时发放到户;土地用途改变(如改种经济作物);等等。在法理层面,南京农业大学公共管理学院石晓平院长指出,当前农村产权制度改革是要建立所有权、承包权、经营权"三权分置"的格局,但其在现实生活中尚有多种困惑。例如:农村集体虚化与村民对村庄公共服务需求增加的矛盾如何调整;集体成员权如何界定;稳定的经营权如何影响基础设施的投资;等等。在权利归属方面,国务院发展研究中心冯文猛副研究员指出,本轮确权颁证存在权利界定不明的问题。例如:外嫁女的土地权利是在嫁出村还是嫁入村;农村人口因上学、当兵等而户口迁出的怎么解决土地权利;本轮确权中普遍存在实测面积多出二轮承包面积的部分如何处理;等等。这些问题不仅需要中央政府发文进行统一指导,也需要各地通过因地制宜的实践来摸索解决办法。

3. 对如何确权的建议

2015年1月农业部等六部委颁发的《关于认真做好农村土地承包经营权确权登记颁证工作的意见》指出,"土地承包经营权确权,要坚持确权确地为主,总体上要确地到户,从严掌握确权确股不确地的范围"。在坚持上述原则的情况下,与会专家针对确权实践中的部分问题提供了操作意见。其一,可考虑确面积但不确"四至"的办法。中国(深圳)综合开发研究院宏观经济研究中心主任刘宪法指出,由于地块分散,农民指认地块的成本高,村干部代为指认的情况突出,地块"四至"信息实为一本糊涂账。本轮确权可以借鉴台湾地区土地整理的经验,尽量追求"一户一块地",以使经营、转包的经济效率更高。他建议,此次确权可以先确面积，然后以此为契机进行土地整理，最后再确四至、发证书。其二，可考虑用土地股权替代土地承包权。中国社会科学院农村发展研究所研究员李周指出，目前的土地确权从实物形态上界定土地产权，是对湄潭经验的延续，但30多年来，实际调地的村庄不在少数，农村集体经济组织成员变化大，继续推行该政策易导致"死人有地，活人没地"的现象。中国农村不种地的人口逐渐增多，他们关注的并非耕种权益而是对土地剩余价值的索取权，因而，从实物形态上界定土地产权的紧迫性已经下降。股权形态的土地产权界定更有利于现代农业的发展，本轮确权可用土地股权替代土地承包权。

三　土地制度改革与城乡协同发展

农村土地制度改革直接影响我国城镇化进程中土地资本和劳动力的供求关系，是城乡协同发展的重要基础。中国社会科学院学部委员张晓山指出，深化农村土地制度改革、创新农村基层组织、赋予农民更多的财产权利，将有力地推进以人为核心的新型城镇化。以往的城镇化是土地的城镇化，而非人的城镇化。城市面积的扩张速度远快于人口的增长速度，土地财政与土地金融是地方政府促进城镇化的重要财源。2011年国有土地使用权出让收入达33166.24亿元，占地方财政收入总量的36%。地方政府通过大规模的村庄整治和征地获得资金，来建设城市、招商引资，获取财税收入和政绩，这是地方政府大力推行"土地财政"的根源。通过土地制度改革来推进以人为核心的新型城镇化，不仅要赋予农民更多财产权利，让离乡的农民带着资产进城；还要在征地中保障农民权利，提高被征地农民的补偿标准，使农民从土地开发的净收益中获得回报。

与会专家还从以下几个方面，对城乡协同发展提出了建议。

其一，节制农地非农化，提高建设用地的利用率，以缓解城市建设用地不足的问题。建设用地利用率低下是我国土地利用的主要问题。中国社会科学院农村发展研究所研究员李周指出，我国的农地利用效率高于世界平均水平，且已不适宜再以增加化学品投入的方式来提高利用率，但建设用地的利用效率低于世界平均水平：2011年我国城市人均建设用地为102平方米，高于发达国家人均82平方米和发展中国家人均87平方米的水平；2000年以来我国工业用地占建设用地的比重超过20%，显著高于国际平均水平（约15%）。在过去的农地非农化中，企业低成本拿地导致土地利用低效，政府负担大量非经营性建设用地的维护费用也提高了增税的可能性。应编制严格的土地利用规划，对土地非农化进行管理。

其二，避免"运动式"土地流转，谨慎发展农业规模经营。中国农业大学农民问题研究所所长朱启臻教授指出，对农民来说农业重要的功能是提供就业和生活保障，土地规模化以后，尽管给农民高地租，但农民很可能面临失业。从包产到户的历史来看，家庭经营是现代农业的重要基础，家庭承包所揭示的规律就是农民自己给自己干活，这是取得高效率的基本保障。中国社会科学院农村发展研究所党国英研究员在调研中发现，一些农村干部热衷于壮大集体经济，如把土地承包权收回来，统一经营、统一发包。给集体留一块地，干部们虽然知道这样做效率低，却可以让公共事务有钱花。金融专业人士朱云来认为，资本下乡、规模经营只适合在城乡结合部和城郊等土地平整、区位优势明显的地区推行，这部分受益人口仅占中国农村人口的极小比例，靠规模经营这剂药方并不能提高绝大部分地区农民种粮的积极性。

其三，发展农村金融，提升农村人力资本。亚洲发展银行许霓妮（Niny Khor）指出，金融危机之后，中国信贷总额突飞猛进，[①] 但2015年90%的贷款来自商业银行，大多数银行位于市区，农村

---

① 1997年，中国信贷总额不足20万亿元；2015年底中国贷款总额达100万亿元，储蓄总额达140万亿元。

信贷占比由 2013 年的 15% 下降到 2015 年的 13%。中国金融点分布不均衡的现象明显：城市金融点的密度比农村大约高一倍；[①] 不同省份之间差异大，浙江每十万成人拥有 26.6 个金融点（与欧盟国家齐平），但密度最低的贵州只有 10.7 个；省内差距巨大，省会和大城市拥有更大密度的金融点。她指出，金融点不足将加剧对人力资本的挑战，可发展互联网金融来弥补传统金融点分布极为不均的现状。

其四，促进产业融合，加快建立现代农业。四川大学经济学院姚树荣教授指出，发展国家贫困的原因就在于资本不足，我国传统农业的附加值低，物质资本与人力资本双重不足，这是导致农村贫困和落后的经济根源。提升农业的附加值和资本吸引力，加快构建产业融合发展的现代农业产业体系，是实现农业现代化的必由之路。但是，产业融合对农村土地的产权、期限、用途管制、规划、整治和供给等方面都提出了挑战，需要在实践中不断总结经验。

四 政策建议

本次研讨会聚焦于土地制度改革，专家学者在多个问题上展开了充分的讨论。例如，土地制度改革是效率优先还是公平优先；应发挥土地的财产性功能还是社会保障功能；农业发展模式应该选"小农"模式还是"大农"模式；如何看待资本下乡；集体经济组织成员权如何确定；承包经营权期限如何界定；乡村治理中政府与村民自治组织的关系如何定位；等等。本次会议的主要政策建议有以下三方面。

其一，土地改革试点封闭运行，割裂了"三块地"之间的内

[①] 亚洲发展银行最新数据表明，每十万成年人拥有的商业银行数为 10.42 所，农村信用合作社为 5.59 所；每 1000 平方公里内的商业银行数为 12.57 所，农村信用合作社为 6.74 所。

在联系，应加强改革的顶层设计。与会专家指出，农村承包地、宅基地、集体经营性建设用地这"三块地"的试点不应该是相互割裂的，而应该统一试点、城乡互动。目前由于土地改革的顶层设计缺乏整体方案，不仅导致确权登记颁证推进困难，也制约了其他多方面的改革，建议在省或市的范围内展开综合性的土地改革试点，完善土地相关利益的分配机制。

其二，加快建立城乡统一的建设用地市场，把缩小征地范围与集体土地入市结合起来，赋予城乡土地同等权能。与会专家指出，应允许农民的宅基地用于抵押担保融资，并可将满足自住需要以外的宅基地使用权出租或转让；允许村集体将节约或闲置的公益性建设用地调整为经营性建设用地。完善农民宅基地的用益物权，完善征地改革制度，建立城乡统一的建设用地市场，真正使农民在改革中获得收益。

其三，土地确权不应以促进流转为目的，应兼顾效率和公平，发展适度规模经营。确权的目的不是流转，应该遵循自然、自发、自愿的原则流转，只有这种流转的成本最低甚至为零。政府不应搞运动式的流转，也不应该限定土地租金的最低额度。在遵循原则的同时，根据不同地区的经济发展水平，因地制宜地开展承包地确权登记颁证试点，不断扩大试点规模；积极探索"多权同确"，完善土地所有权登记制度，加快建立不动产交易信息平台。

中国发展研究基金会
"农村土地制度改革与基层治理"课题组

组　　长：卢　迈
副组长：崔　昕、方　晋
协调人：俞建拖
成　　员：冯文猛、冯明亮、刘　阳、
　　　　　秦婷婷、张延龙
执　　笔：刘　阳、秦婷婷

现代化视角下的农村土地三权分置改革

一 引言

2016年10月，中共中央办公厅、国务院办公厅印发了《关于完善农村土地所有权承包权经营权分置办法的意见》。从2013年7月习近平主席在湖北考察时提出"要好好研究农村土地所有权、承包权、经营权三者之间的关系"，到两办文件的出台，农村土地三权分置的制度框架自此成形。在此后的中共十八届五中全会、十九大报告以及2018年中央关于乡村振兴的一号文件中，三权分置改革的取向、内涵和实施方案进一步得到确认和明晰。

农地三权分置改革被普遍认为是改革开放后农村土地基本制度的第二次重大变革，备受关注和期待。农村土地制度改革的意义和方向，需要在国家现代化建设总体框架和历史进程中理解。农业和农村的现代化是整体现代化在农业和农村领域的反映，具体又体现在农业兴旺、农民富裕、农村繁荣、粮食安全、环境良好、城乡融合等政策目标上。这些目标，从长远看可以相互兼容和支持，但在短期内存在一定的矛盾冲突。土地承载了农村社会的生产生活，既是生产资料又是地理和空间基础，其重要性在农村社会远比在城市社会突出，因此农地产权制度很关键。农业农村发展是多要素综合作用的结果，仅靠土地改革本身对实现上述多重政策目标的作用有限。农地三权分置改革如何促进政策目标的调和，而不是激化目标之间的矛盾，需要十分审慎和精巧的操作。

本文从农业农村现代化的需求出发，根据农村土地产权制度变迁历史和农业农村发展现实，通过对全国东、中、西部地区农村土地产权制度的实地调查，从历史和现实两个方面分析我国农村土地制度的不足以及三权分置改革面临的挑战，并提出政策建议。本文内容具体安排如下：第二部分讨论农业农村现代化的五个具体政策目标以及这些目标对土地权利安排的内在诉求；第三部分回顾新中国成立以来农村土地制度的变迁以及农业农村发展的现状，指出现有土地产权制度安排与政策目标之间的差距与不足；第四部分从制度角度出发，关注土地权利的内涵、结构和相互关系，重点讨论三权分置改革在制度衔接上的短板；第五部分结合农村土地利益相关方对土地权利的认知以及行为，讨论三权分置在现实操作中面临的问题；第六部分探讨三权分置改革发挥预期成效需要的条件和面临的障碍；第七部分提出政策建议。

二 农业和农村现代化与农村土地制度

（一）现代化视角下的农业和农村

农业和农村是中国现代化建设的薄弱环节。新中国成立以来，特别是改革开放40年来，农业和农村的面貌得到了极大的改观，但与工业和城市部门相比，农业和农村仍处于现代化的洼地。我国在消除农村贫困上取得了举世瞩目的成就，在缩小城乡收入不平等上也取得了重大的进展，但仍有3000多万农村人口生活在绝对贫困线以下，城乡收入比在主要经济体中也居于高位。与城市相比，农村在现代化上的滞后是全方位的，不仅体现在收入和物质生活水平上，也体现在教育、健康、安全等人类发展的关键指标上以及各种基本公共服务上。按照常住人口比例看，我国当前仍有超过40%的人口长期生活在农村，如果按户籍人口占比则超过50%，农村的国土面积占比更是远远超过城市。即便未来我国城镇人口超过70%，农业农村在现代化总体格局中的构成和影响仍不可小视。如果没有农业和农村的现代化，那么我国总体的现代化也无从谈起。

在现代化的视角下，农业和农村的政策目标可以具体化为以下几个方面：农业兴旺、农民富裕、农村繁荣、粮食安全、环境良好、城乡融合。这六个方面的政策目标长期来看具有互补性和一致性，但短期内则存在内在的矛盾冲突。

（1）农业兴旺。包括农业产出和价值的持续、稳健增长；农产品质量不断提升，总量和结构合理，种类丰富；成本-效益比高，农产品在国际市场上具有竞争力；投资活跃可持续，土地产出率和劳动产出率高。

（2）农民富裕。农民家庭来自农业和非农业的总收入持续增长，不确定性降低，总体水平能够支撑体面的物质生活；家庭负债在合理的范围内，有一定的储蓄和资产积累。

（3）农村繁荣。主要表现为社会和谐，收入差距较小；人口结构合理，有较高比例的知识、资本和技术精英；文化活动兴盛，良好的价值理念和传统得到保存和发扬；社区经济和社会活动活跃；公共基础设施完备且品质良好，基本的公共服务可及且可得。

（4）粮食安全。口粮绝对安全，主粮总体掌握在自己手里，拥有稳定的国际粮食进口来源，并能以合理的价格获得供应，食品的安全有保障。

（5）环境良好。农村点源和面源污染得到有效控制，村容村貌整洁宜居，水土资源和森林植被保持良好，生态系统和生物多样性得到良好保护。

（6）城乡融合。农业和农村为非农产业和城市化的发展提供资源、粮食、土地、劳动力的支撑，工业和城市反哺农村，城乡的优势要素相互流动、优化配置，最终实现国家整体的现代化。

(二) 农业农村现代化中的土地制度

土地是经济和社会活动以及生态环境的承载者，提供和决定了人类活动的空间形态。就经济而言，土地不仅是一种关键的生产资料和资本，也具有重要的财产功能，是农业人口重要的生计基础。

由于土地的特殊性，土地制度在现代化进程中变得十分关键。许多国家和地区在现代化过程中，都需要对人与土地的关系进行根本性的调整，使之适合工业化、城市化以及更广泛的现代化的需要，英国、美国、日本、韩国以及中国台湾皆是如此。对农业和农村来说，土地制度的影响尤其直接且具有决定性。

在前述的农业农村现代化的六个目标中，每个目标背后对土地制度都有特定的要求，其中有些是相互一致的，有些则相互冲突，至少在短期内如此。识别并调和不同政策目标背后的制度逻辑，对土地制度设计十分关键。

要实现农业兴旺的目标，土地权利的边界必须清晰、稳定，权能必须充分、完整，能为农业生产者和经营者提供持续稳定的激励和预期，使之对土地进行稳定的投资；要赋予农业生产主体以充分的生产经营自主权，能根据市场信息的变化做出灵活的调整；土地制度安排要能够支持土地的有序流转，使生产经营者能适度调整生产规模。

要实现农民富裕的目标，土地制度除了要满足前述农业兴旺目标的要求，还要允许土地充分发挥资本和资产的功能，使土地或土地使用权利能够资本化，允许农户在土地上种植具有更高附加值的产品甚至从根本上改变农用地的性质，从非农经济活动中获取更高和更稳定的回报。

要实现农村繁荣的目标，则要避免土地在农业人口中被不平等地分配，对土地的兼并要进行一定的限制；农村土地开发利用的回报水平要足够高，能够吸引知识、资本和技术精英留在农村；允许土地利用模式的创新，使农村土地在开发利用时，有利于可持续地保护农村社会的优秀价值和文化传统;要有充分的土地支持社区的公共服务和基础设施建设,允许集体经济组织及其代表机构充分利用集体土地开展合理的经营,获得稳定的回报,为社区公共服务提供稳定的支持。土地制度的调整还要符合社区的传统和人地关系现状。

要实现粮食安全的目标,则需要对农村土地利用进行一定的管制,限制土地的非农化,确保主粮的种植面积和产量,并出台配套的政策激励农民种粮。

要实现环境良好的目标,必须避免出现"公地悲剧",对土地开发利用具有负外部性的行为进行控制,对农业中化肥农药的使用、耕作制度、水土保持等进行合理规定,控制农村的点源和面源污染,遏止生态环境的退化。

要实现城乡融合发展、优势互补,需要通过土地制度的完善为城市和非农部门的发展提供空间和充分的劳动力,促进土地的集约高效利用,同时要使城市优质的知识、技术和资本与农村的土地相结合,促进农业和农村的发展。

不难看出,不同政策目标后面的土地制度逻辑不尽一致,有些甚至存在直接的冲突。但从农业和农村现代化的需求来看,实现所有这些政策目标是应有之义,每一个目标都具有正当性和合理性。在此情况下,土地权利制度的改革不能只满足其中部分目标,而是要尊重历史和现实,在相互冲突的政策逻辑中进行妥协和调和,以较小成本(包括政治、经济和社会成本)推动农业农村的现代化。

三 历史视角下的中国农村土地制度变迁

(一)新中国成立至今的农村土地制度

新中国成立以来,我国农村土地制度经历了多次重大的调整。第一次是土地改革(1949年至1953年春)。土地改革是中国共产党在革命战争年代的核心政策主张,对革命胜利和新中国建立做出了重要贡献。在新中国成立前夕通过的《中国人民政治协商会议共同纲领》规定:"凡已实行土地改革的地区,必须保护农民已得土地的所有权;凡尚未实行土地改革的地区,必须发动农民群众,建立农民团体,经过清出土匪恶霸、减租减息和分配土地等项步骤,实现耕者有其田。"1950 年 6 月,我国颁布实施了《中华人民共和国土地改革法》,土地改革全面推开。到 1953 年春,除部分少数民族地区外,3 亿多无地和少地的贫苦农民获得了 7 亿多亩土地,免除了 350 亿公斤的粮食地租,实现了耕者有其田的政策目标,农民享有在分得的土地上耕种、居住、典当、转让、赠予、出租等权利。

第二次是合作社制度下的土地改革(1953~1957 年)。在这一时期,土地所有制发生了根本性的调整:由农民私人所有变为集体所有。这一阶段又包含两个子阶段,第一阶段是由生产合作互助组向初级社转变,第二阶段是由初级社向高级社转变。在初级社阶段,农民仍然拥有土地的所有权,但必须交给初级社统一使用,社员可以保留小块自留土地,年终农民可以根据土地股份参加分红。在高级社阶段,农户的土地、耕畜和大型农具作价(股份)入社,归集体所有,统一经营,留下总耕地的 5% 作为农户自留地。

第三次是人民公社体制下的集体所有、统一经营制度(1958~1978 年底)。1958 年,开始建立人民公社制度,原属于各农业合作社的土地和社员的自留地、坟地、宅基地等一切土地以及耕畜、农具等生产资料和公共财产都归人民公社三级所有,公社对土地进行统一规划、统一生产、统一管理,实行平均主义的"按劳分配"。在人民公社制度下,农民仅保留在土地上耕作的权利(义务),对生产什么、怎么生产、如何分配都没有自主权,农业生产的激励机制严重扭曲,导致农村经济陷入长期的停滞状态。

第四次是以两权分离为特征的家庭联产承包责任制(1979~

2012年)。家庭联产承包责任制下,土地的所有权和使用权分开,集体将土地和生产资料按人口或劳动力比例承包给农户经营和使用,承包户向国家和集体交纳税费和公共提留后,剩余的部分可以归农民自己所有。1979年末家庭联产承包责任制在安徽试行,取得良好的效果,随后逐渐在全国推广。到1982年,家庭联产承包责任制基本上在全国得到普遍的推行。1983年1月中共中央发布的《当前农村经济政策的若干问题》正式确立了家庭联产承包责任制,到1983年底,全国有1.75亿农户实行了包产到户,占农户总数的94.5%。

第五次是自2013年开始探索的三权分置改革。"三权分置"是指农村的土地集体所有权、农户的承包权、土地的经营权这"三权"分置并行。2013年7月,习近平总书记在湖北考察时提出,"要好好研究农村土地所有权、承包权、经营权三者之间的关系"。2013年底召开的中央农村工作会议,第一次提出承包权和经营权的分置并行。随后,围绕农村土地产权制度改革的文件不断出台,先后有《关于引导农村土地经营权有序流转发展农业适度规模经营的意见》(中共中央办公厅,2014年61号文件)、《关于引导农村产权流转交易市场健康发展的意见》(国务院办公厅,2014年78号文件)、《深化农村改革综合性实施方案》(中办国办联合发文,2015年11月)、《农村土地经营权流转交易市场运行规范(试行)》(农业部,2016年)、《关于开展农村承包土地的经营权和农民住房财产权抵押贷款试点的指导意见》(国务院,2016年45号文件)、《农村承包土地的经营权抵押贷款试点暂行办法》(人民银行联合有关部委)等。2016年11月,中央全面深化改革领导小组审议通过《关于完善农村土地所有权承包权经营权分置办法的意见》,阐述了三权分置的原则,要求"农村土地农民集体所有必须牢牢坚持";"严格保护农户承包权,任何组织和个人都不能取代农民家庭的土地承包地位,都不能非法剥夺和限制农户的土地承包权";"放活土地经营权,在依法保护集体所有权和农户承包权的前提下,平等保护经营主体依流转合同取得的土地经营权,保障其有稳定的经营预期"。三权分置改革制度框架从此正式确立并在全国范围推开。

(二) 现代化视角下的历次土地制度变迁评价

评价新中国成立以来土地制度的变迁,不能将之视为一种单线的转折过程。将历次的土地制度改革视为简单的转折和对前一时期制度的否定,不仅会过度简化历史,而且会误导对当前现实以及未来的理解,误导三权分置框架下的政策选择。

1. 改革开放前的土地制度评价

较为公平的土地再分配是许多经济体走向工业化和现代化的基础。[1] 原因主要有两个方面:一是能使社会基础层(农民)解决基本的温饱并有初步的积累,同时为工业部门提供市场;二是能防止大面积的贫困和大规模流民威胁社会稳定,在工业化未起步前,这点尤其重要。

人多地少是东亚经济体农业发展中的普遍问题。当农业生产率低下,家庭耕种土地面积小,小农经济就会进入一种内卷化(involution)的过程,依靠大量劳动力投入获得较高的产出,此时的农业经济实际上是糊口经济。[2] 但是,在工业化水平很低的社会,"糊口经济"是不得已而为之又十分脆弱的,一旦遭遇外部冲击,土地等资产就会加速贬值并导致兼并,占人口绝大多数的农村人口将完全丧失基本的生产资料,成为雇农,一般要缴纳50%左右的地租,农民自身几乎没有储蓄和资本积累的可能。尽管中国明清以来的土地集中度较之西欧的德国、意大利并不算高,但后者有充分的工业部门和城市部门吸纳农业转移人口,而且有海外殖民地提供市场。因此,新中国成立之前,土地分配状况与农

---

[1] J. Studwell. *How Aisa Works*: *Success and Failure in the World's Most Dynamic Region*. New York: Grove Press. 2013.
[2] 黄宗智:《长江三角洲小农家庭与乡村发展》,中华书局,2000。

民的生存状况都处于十分紧张的状态,这也是为何土地问题自辛亥革命以来一直是革命的关键问题。

正是在这一背景下,第一次土地改革显示出积极的历史意义。正是均等化的土地再分配,为新中国的建立和政权的巩固奠定了坚实的合法性基础。在此之后,尽管土地所有权发生过根本性的变化,但土地的使用权始终保持了相对均等的状态。在工业化和城市化基础薄弱的情况下,这种相对平等的土地权利分配,与中国社会的一些优秀传统相结合(如勤俭、储蓄偏好、重视教育),使中国在经过长期战乱后的农业生产很快得到恢复。但是,在经过长年战争后,经济基础薄弱的中国,在土地私有制下以较快的速度为工业化和城市建设积累资本,却是一个突出的难题。

第二次和第三次土地制度改革,其历史意义也需要更全面的审视和评估。一方面,就农业和农村经济发展来说,随着土地所有权和经营权收归集体,在信息不对称下的"按劳分配"机制,根本上扭曲了劳动激励,抑制了农民的生产积极性,导致农业生产长期低迷,甚至出现了饥荒,付出了极其沉重的代价。关于这一点,各种文献和资料已经有充分阐述。

但另一方面,第二次和第三次土地改革也留下了一些积极的遗产,对中国后续发展有促进作用。首先,为工业化和城市化提供了必要的资本积累,在前三十年里建立了一套相对完整的工业体系,为改革开放后成为全球制造业大国打下了一定的基础,培训了规模庞大的产业工人队伍。

其次,在土地所有权和经营权集体所有的情况下,集体得以投入较高比例的资源用于社区公共服务,特别是基础教育和初级卫生保健。依托集体,村和公社(乡镇)一级普遍建立了小学和初中,1958年小学和初中入学人数分别达到3000.5万人和378.3万人,尽管教育随后也遭受冲击,但到1978年小学和初中入学人数仍分别达到3315.4万人和2006万人。初级卫生保健制度也得到长足的发展,建立了三级卫生保健网络、合作医疗体制和"赤脚医生"队伍,为农民提供了相对低成本和有效的医疗卫生服务。三级预防保健网、合作医疗、赤脚医生、爱国卫生运动相结合,创造了发展中国家以低成本和创新的方式提升国民健康水平的典范。①

最后,建立了大规模的水利和农田基础设施,形成了相对完善的农技推广网络。到1976年,全国水库的库容从1949年的200亿立方米增加到4000亿立方米。同期,农田有效灌溉面积也增加到4500多万公顷。得益于农田水利基础设施建设、农业种植技术的提高以及化肥农药的使用,1949~1978年我国亩均粮食产量从原来的75余公斤增加到150余公斤,全国人均粮食拥有量从208.9公斤增加到316.6公斤。在土地平均分配的格局下,粮食产量的增加确保了农村大部分人能获得基本的粮食供应,免于饥馑和严重的营养不良。

2. 改革开放后的土地制度评价

以所有权和承包经营权分离为特征的联产承包责任制改革,在不改变集体所有制的前提下,通过将承包经营权还赋农户,扩充其权能,极大地调动了农户的生产积极性,全国粮食产量从1978年的6095亿斤迅速增长至1984年的8146亿斤,农业的增产使大部分农村地区一举解决了基本温饱问题,为日后的乡村工业化和小城镇的发展奠定了良好的基础。

联产承包责任制的优点和成效,已经被广为讨论,此处不再赘述。这一制度本身也经历了不断完善的过程,而且迄今为止还存在若干有待厘清的问题。首先,集体所有权在整个土地权利体系中的位置不明,制度安排的潜力得不到发挥,这制约了农村社区公共服务的供给能力并削弱了农村社区的自治效力。其次,土

---

① 经过努力,1981年我国的婴儿死亡率下降到34.7‰,同期其他发展中国家的婴儿死亡率是112‰;人均预期寿命增加到67.9岁,比同等收入国家的预期寿命要高出15岁。

地权利的期限问题，从第一轮和第二轮承包的 15 年，到后来明确为 30 年不变，对稳定农民和农业经营者的预期有显著的作用，但还不够。再次，农户承包经营权的权能不完整，基于承包经营权的抵押权、继承权等权能不完备或十分有限，直到最近一轮改革才得到确认。最后，承包经营权的成员权缺乏合理的退出机制，制约了土地的高效利用。

由于我国农村人多地少，在联产承包责任制下，特别是"增人不增地、减人不减地"的政策取向下，农村土地经营的细碎化成为不可避免的现实，农业土地产出率高和人均产出率低并存，直接制约了农民增收。粮食安全考虑下对农地用途的限制，进一步对农民增收形成制约。

由于城镇化和人口的老龄化，农村青壮年劳动力大规模向城市转移，从全国统计和课题组的调研看，承包地的流转比例和转移到城市的农业人口比例均超过 1/3。而城乡分割的户籍制度又进一步导致耕地、宅基地以及集体建设用地利用率低，土地撂荒、一户多宅的问题相当普遍。

基于这一背景，我国于 2013 年开始了农地"三权分置"改革，这是新形势下对联产承包责任制的深化和扩展。三权分置改革的意图是非常明确的，即维持农村土地集体所有不变，严格保护农民的土地承包权，激活土地的经营权。在农村承包地确权登记颁证工作基本完成后，农民承包权在制度上得到了较好的保障，新一轮改革的两个关键突破点在于：一是如何赋予集体所有权新权能，使之在乡村振兴中发挥更积极的作用；二是如何搞活经营权，在城乡统筹发展的背景下实现土地资源的高效和高价值利用。三权分置改革是土地资源优化配置逻辑的合理延伸，但这一改革能否真正克服两权分离制度下存在的不足和弊病，还需要经过实践的检验。

综上所述，新中国成立以来的五次重大的土地制度改革，是在总体的现代化过程中展开的，并对当时经济社会发展的现实做出反映。实践表明,这些制度之间既有继承,也有否定。在近70年的历史中,始终保持不变的是农民相对均等的土地经营使用权,改革开放后总体的趋势是不断明确、扩大和强化农民的土地权利。每一阶段的土地制度在某些方面都取得了成就,但制度设计和运行都曾面临新的挑战,也有许多深刻的教训,成为后续改革的动因。后续的改革对前期改革的不足之处做了纠正和调整,但前期改革中一些好的经验和做法并未都得到继承。农村土地制度变迁中这种错综复杂的关系,将在当前和未来的改革中继续发挥影响,成为新一轮改革的历史起点。认识这种复杂性,对实现现代化总目标下的土地三权的权能设置,具有重要意义。

四 制度视角下的农地三权分置

随着农村人口流动导致的农地承包人和经营人身份的分离,农村土地制度改革将涉及三类主要的利益相关者:集体、承包户和经营者。但从法律和现实看,国家也是农村土地中的关键利益相关方。推进三权分置改革,需要同时考虑四类主体的权利和义务的平衡。

(一)现行制度下的农村土地权利安排

1. 集体所有权

在现有法律制度下,农民集体(全体农户)享有农村土地的所有权。《中华人民共和国宪法》第10条规定,农村和城市郊区的土地,除由法律规定属于国家所有的以外,属于农村集体所有。1998年颁布的《土地法》规定,[①] 集体土地由集体经济组织和村

[①] 《土地法》第10条规定:"农民集体所有的土地依法属于村农民集体所有的,由村集体经济组织或者村民委员会经营、管理;已经分别属于村内两个以上农村集体经济组织的农民集体所有的,由村内各农村集体经济组织或者村民小组经营、管理;已经属于乡(镇)农民集体所有的,由乡(镇)农村集体经济组织经营、管理。"

委会（村民小组）经营管理。2007年颁布的《物权法》明确界定，农民集体所有的不动产"属于本集体成员集体所有"，集体经济组织代表集体行使所有权，这在一定程度上解决了土地所有人虚化和权责不清的问题。

农民集体的土地所有权是受到严格限制的。尽管从概念上区分农民集体和作为集体代表的集体经济组织（村委会、村民小组）是容易的，农民集体拥有土地所有权，集体经济组织（村委会、村民小组）受委托代行所有权人的职责，但是法律赋予集体的所有权，实际上只是发包权和监督权、管理权，而作为集体成员的农民根据成员资格自动享有承包权。《土地承包法》（2002年）第13条规定，"农民集体所有的土地依法属于村农民集体所有的，由村集体经济组织或者村民委员会发包"，发包方享有下列权利："发包本集体所有的或者国家所有依法由本集体使用的农村土地""监督承包方依照承包合同约定的用途合理利用和保护土地""制止承包方损害承包地和农业资源的行为""法律、行政法规规定的其他权利"。这些规定意味着，集体土地所有权是一种弱、消极和被动的权利，集体及其代理机构只有十分有限的权利行使空间。

2. 农民的承包经营权

《土地承包法》（2002年）规定，"农村集体经济组织成员有权依法承包由本集体经济组织发包的农村土地"，"任何组织和个人不得剥夺和非法限制农村集体经济组织成员承包土地的权利"。承包方"享有承包地使用、收益和土地承包经营权流转的权利"，"有权自主组织生产经营和处置产品，承包地被依法征用、占用的，有权依法获得相应的补偿"。与此同时，承包方承担"维持土地的农业用途，不得用于非农建设"，"依法保护和合理利用土地，不得给土地造成永久性损害"以及法律、行政法规规定的其他义务。

农民的承包经营权是依据集体经济组织成员权取得的，权利到户不到人。从性质上看,承包经营权的权能丰富而且充分,虽然作为集体经济组织的一分子不拥有土地的所有权,但其权利内涵最接近所有权。《物权法》(2007年)将农户的承包经营权确认为一种用益物权,实际上是赋予集体组织成员财产权。

3. 经营者的经营权

经营权派生与承包经营权,是在承包人与经营人身份分离的情境下产生的。中办和国办发布的《关于完善农村土地所有权承包权经营权分置办法的意见》指出:"赋予经营主体更有保障的土地经营权,是完善农村基本经营制度的关键。土地经营权人对流转土地依法享有在一定期限内占有、耕作并取得相应收益的权利。在依法保护集体所有权和农户承包权的前提下,平等保护经营主体依流转合同取得的土地经营权,保障其有稳定的经营预期。"土地经营权在性质上归于债权,属于承包人与经营人以合同规范的范畴。

4. 农村土地制度安排中的国家

在有关农村土地的讨论中,人们经常视国家为超然的基础性制度供给者,忽视了政府作为重要利益相关者的存在,这是严重的不足。事实上,国家不是农村土地的旁观者,不是"被动的"利益相关者,而是重要的权利方。不论是对农村土地的用途管制和规划审批,还是对土地的征用和农业经营活动的征税,国家在现行制度下都是当然的权利人。与此同时,国家也担负公共服务、基础设施以及产业和区域发展的责任。国家对农村土地的这些权利和义务需要被清晰明确地认识和确认。

(二) 四类主体土地权利的权能设置

如上所述,国家、集体、承包户和经营者在当前的制度安排中,都享有一定的土地权利,并承担相应的义务。尽管如此,法律和政策中的土地权利安排,还是相对概括性的。不同主体的权利内涵和各项权利之间的关系,仍有待进一步讨论和厘清。

权利束理论是理解多主体土地权利关系的一个有用框架。① 土地产权包括一系列权利，这些权利可以被分散拥有和行使，这些权利的集合可以被视为权利束。从权利束角度看土地产权，那么可以说世界上不存在绝对的土地私有或公有，国家、集体、承包户和经营户各持有部分权利。奥诺雷在其名著《所有权》中，列举了土地所有权所包含的 11 种权利和义务：

- 占有权：对土地的排他性实际控制权；
- 使用权：使用和享用土地的权利；
- 管理权：决定土地如何使用和由谁使用的权利；
- 收益权：直接获得土地收益（土地产出、租金、利润等）的权利；
- 资产权：转让权或者说转移所有权的权利和获得土地所有资产价值（土地买卖收益和征收补偿等）的权利；
- 安全权：自由支配土地、不受外部力量和压力干预的权利；
- 继承权；
- 权利期限：期限确定的权利（比如设有具体期限的土地租赁权）、没有确定期限的权利（如所有权或地役权）或期限有待确定的权利（比如权利期限取决于未来某一事件的发生）；
- 义务：无害使用义务等；
- 债务履行义务：为履行债务或破产清算所导致的权利消失；
- 剩余权：指的是在上述权利义务失效、过期或被权利人放弃而由最终权利人行使的相应权利，或是上述权利义务灭失时回归最终权利人并由最终权利人享有的权利。

李平等根据中国农村土地制度安排的现实，对国家、集体、承包户三类主体所拥有的土地权利进行了归纳总结，并探讨了经

---

① 沈守愚：《从物权理论分析土地产权权利束的研究报告》，《中国土地科学》1996 年第 10 卷第 1 期，第 24~29 页；李平等：《农村土地承包法修订问题、分析及建议条款》，Landesa 工作论文，2017。

营权的权利内涵，如表 1 所示。

表 1　四类主体的土地权利与义务

奥诺雷的权利义务列表	由奥诺雷的概念衍生出的权利与义务	国家	集体	承包户	经营户
占有权	占有权			√	√
	排他权			√	√
使用权管理权	使用权			√	√
	决定土地用途的权利	√			
	决定由谁使用的权利：将土地承包给农户		√		
	监管土地使用者将土地农用的权利		√		
	发展权	√			
	征收土地税的权利*	√			
收益权	从税收中获得收益的权利	√			
	从土地利用中获得收益的权利			√	√
资产权	通过让渡土地权利而转让土地的权利		√		
	抵押权			√	√
	出于公共利益需要而强制征地的权利	√			
	征地受偿权			√	√
安全权			√	√	√
继承权				√	
权利期限	期限确定	√			
	不定期限/永久期限		√		
	因未来某一事件发生而到期			√	√

续表

奥诺雷的权利义务列表	由奥诺雷的概念衍生出的权利与义务	国家	集体	承包户	经营户
义务	无害使用义务			√	√
	不将土地做非农用途义务			√	√
	尊重排他性占有和使用的义务	√	√		
	尊重自主选择土地农用的义务	√	√		
	纳税义务			√	√
	支付征收补偿义务	√			
债务履行义务				√	√
剩余权	所有权人灭失	√			
	承包经营权人灭失		√		

* 尽管中国在21世纪初就废除了农业税，政府的这一行为也可以在概念上视为政府放弃了农地税的征收，但不能因之而说政府没有这一权利。

资料来源：李平等：《农村土地承包法修订问题、分析及建议条款》，Landesa工作论文，2017。引用时笔者做了改编。

（三）延伸的讨论

以上对土地权利束的讨论，为我们提供了一个相对合理的框架。在现实中，国家、集体、承包户以及土地流转后的经营户，所拥有的权利子束未必都如此完整，甚至四类主体的权利加总也未必如此完整。毕竟，权利在本质上是实践的和具体的，而不是观念的和抽象的。即便这个框架本身，从历史中看，也未必是完整的，因为权利总是在需求和现实的碰撞中被意识、认识、确认和行使，是一个发展过程。就当前我国土地权利制度的实践，这一框架仍不失为检验现实土地所有权的一个参照系，但仍有一系列问题需要讨论。

第一，国家的土地权利与国家目标的兼容性问题，其中的核心是决定土地用途的权利和发展权（改变土地用途的权利）。如前所述，农业兴旺、农民富裕、粮食安全等目标都是国家发展农业和农村的合理目标，但目标间又有冲突，这种冲突性也反映在土地权利安排上。几乎所有国家都有基于更广泛的公共利益而对土地用途以及开发做出限定的权利，但这些权利的内涵和实际行使的强度存在很大的区别。在我国，国家（政府）对农村土地拥有的权利和行使的强度是比较大的，这在很大程度上削弱了农民集体的土地所有权强度，这也是长期以来在征地以及土地用途管制上存在紧张状况的原因，直到近些年才有所缓解。

第二，各级政府之间以及政府部门之间的权利划分问题。在农村土地问题上，说到国家（政府）的时候，时常是作为单一主体处理。但实际上，国家本身也是多主体的构成，包括从中央到地方的各层级的政府，也包括政府中不同的部门。不同层级的政府和不同部门对土地利益以及土地权利的诉求并不总是一致的，甚至存在冲突。从法律和制度安排上，中央政府是国家的代表，但实际操作中地方政府是十分关键的利益相关方和权利方，这加剧了土地制度安排的复杂性。[1]

第三，集体土地所有权的虚置问题。前面已经提到，在现有制度安排下，农民集体的土地所有权是消极的和被动的。在权利束的框架下，这一点表现得尤其明显。一方面，在涉及土地用途、期限、开发、征收、监督等基础性的权利上，国家享有决定性的权利；另一方面，在土地的实际经营使用过程中，承包农户拥有更完整的实质性的权利。这样一种制度安排，导致对集体土地权利出现两种截然不同的看法。一种看法认为，这实际上做实了农民家庭的土地权利，更有利于形成稳定的预期和经营激励，显示出我国体制下的一种变通选择。但从另一角度看，集体所有权的虚置，导致在社区内无法形成有效的合作平台，制约了社区公共服务的传递和供给，没有发挥集体所有制的优势和潜力，不利于

---

[1] 何·皮特：《谁是中国土地的拥有者》，林韵然译，社会科学文献出版社，2008。

农村的发展。

第四，集体经济组织的身份问题。现行法律关于集体土地所有权的界定是清晰的，模糊的是实践和操作层面。在农村的公共决策中，即便是一村之内，也不可能事事由全体村民来决定，而需要委托集体经济组织或村民委员会来决策和实行。但是长期以来，集体经济组织确实在民法中没有正式的法人身份。我国尚未出台专门规范农村集体经济组织的法律法规，集体资产产权管理缺乏法律依据。为解决集体经济组织的身份问题，各地采取的办法不尽相同。譬如，在广东，采用的是县级以上人民政府颁发证明的方式，在江苏则是将集体经济组织登记为专业合作社法人，还有的是将集体经济组织登记为企业法人。2017年10月生效的《民法总则》解决了集体经济组织和村委会的法人身份问题，第99条规定："农村集体经济组织依法取得法人资格。"第101条规定："居民委员会、村民委员会具有基层群众性自治组织法人资格，可以从事为履行职能所需要的民事活动。未设立村集体经济组织的，村民委员会可以依法代行村集体经济组织的职能。"

集体经济组织和村委会法人地位明确后，马上面临一个难题：在《物权法》和《土地承包法》中，集体经济组织是作为代理人存在的；而在《民法总则》中，集体经济组织似乎又包含全体成员，成为委托人，代理人成为集体经济组织的管理层。

第五，土地权利的期限问题。农村土地承包期限从开始的15年，后来表述为"长期不变"，具体政策中落实为延长30年。承包期限的延长对于稳定预期有显见的作用，但是，30年的期限对于长期性生产投资的回收期来说并不长，这会制约其他权利（如继承权）的生成和发展。而在快速的社会变迁中，尽管纸面的权利可以长期不变，但是土地本身以及权利人有可能发生显著的变化，变与不变由此形成冲突。

第六，其他权能问题。在现有制度下，农村土地变更所有权的唯一途径是国有化，集体与集体之间、集体与个人之间只能转让土地承包经营权（目前承包权跨集体转让也是不允许的）。与此相关，土地权利中能够抵押的也只有经营权。此外，集体经济组织成员资格的认定依据以及推出机制在现有法律中也不是非常明晰。

五 农地三权分置改革：认知与行为

迄今为止，我们对农地（主要是指承包地）三权分置改革的讨论，主要还停留在国家层面的制度供给和制度本身。① 但是在多数情形下，承包户、经营户和集体是土地的主要和直接使用者，他们对土地权利的认知以及社区习惯对土地的实际利用有重要的影响，因而是三权分置改革不得不考虑的因素。

（一）承包户的土地权利认知

对于承包户和经营户来说，对制度目标的认知和国家往往存在差别。承包户和经营户更关注能否获得充分和稳定的经济收益和必要且保证质量的公共服务，而国家则更多考虑公共和全局的利益。这两者从长期来看并不矛盾，但短期内显然不尽匹配。这种差异或者不匹配，也影响了农户对土地权利的认知和行使。此外，对农户来说，其对土地权利的认知本身就存在一个需要启发和实践的过程。

1. 土地所有权认知

我国农民对土地所有权的认识是相当模糊的。徐旭等 2001 年对浙江六县 1072 家农户的调查发现，26.7% 的农户认为土地归国家所有，认为土地归农民个人（家庭）所有的占 22.8%，认为归集体所有的占 48.7%。② 邹秀青等 2006 年对江苏、江西、广西 3

---

① 当然，国家的制度供给也不是纯粹强制性的，而是与集体、农民长期互动的结果。此外，集体和农民也是非正规制度（如传统、习俗）的供给者，对土地权利安排和行使有重要影响。

② 参见网络，https://wenku.baidu.com/view/26d3434d0c22590103029d67.html。

省 6 县 537 家农户的调查显示，高达 42.16% 的农户认为农村土地所有权是国家的，21.74% 认为土地归农民个人所有，认为土地属于集体所有的占 27.79%。闵桂林等 2009 年对江西省南昌、永休、武宁三县的调研发现，有 41.9% 的农户认为农村土地是国家的，15.3% 的受访农户认为土地是属于村委会的，4.2% 认为土地是属于农民个人所有的，高达 38.5% 的人表示不知道归谁所有。窦祥铭 2010 年对安徽太和县 346 家农户的调研发现，认为土地归国家所有的占 45.1%，归集体所有的占 20.2%，归农民个体所有的占 6.4%，有 28.3% 的农民表示不知道归谁所有。[①] 可见，不同地区农民对土地所有权认知的差异巨大，但相当一部分农民对所有权的理解与国家制度安排存在较大差距。

2. 土地所有权愿景

农民对土地所有权的需求相对强烈，对集体所有权的倾向普遍较低。项继权等 2005 年对湖北、河南、安徽、山东、内蒙古、四川、江西 7 省 1300 多家农户的问卷调查显示，有 50% 的农户认为农地应该归农户和农民个人所有，认为农地应该归国家所有的占 25%，认为应该归集体所有的占 24%。尹朝华等 2010 年对江西、浙江、广西 546 家农户的调研显示，有 47% 的受访农户认为应将土地分给个人，愿意维持集体所有制的占 31%，认为应该归国家所有的占 9%，13% 的受访农户表示无所谓。钟涨宝和聂建亮 2011 年对河北某镇 147 家农户的调查显示，如果政策允许，72.8% 的受访者希望土地归农民私人所有，希望归国家所有的占 19.7%，希望归村集体所有的仅占 7.5%。窦祥铭 2010 年对安徽太和县的调研显示，希望土地归私人所有的占 35.8%，归国家所有的占 23.7%，归集体所有的占 15.6%，高达 1/4 的农户表示不知道或无所谓。从相关调研看，如果有政策调整的机会，农民更倾向于个人所有权，有相当比例的农民接受国家所有权，但对集

---

① 引自网络，https://wenku.baidu.com/view/46289193e53a580216fcfe4d.html。

体所有权的认同度普遍较低。

3. 土地流出的动因

中国发展研究基金会2016年对全国12个确权登记颁证试点省份65个村庄386户家庭的问卷调查显示，有26.3%的农户有土地流出，有18.3%的农户有土地流入，还有1.9%的农户既有土地流入也有土地流出。在没有流出土地的农户中，32.5%的农户认为转出土地比自己耕种收入低，另有32.5%的农户想流出土地但没有合适对象，14.9%的农户担心流出土地后难以回收或恢复。在流出土地的农户中，约占一半的农户是因为"土地流转后再打份工，增加家庭收入"，约1/4的家庭表示"种地太辛苦，收益太低"，有16.4%的农户因为"年龄大，家中无劳动力"而流出土地。

4. 承包地调整

从中国发展研究基金会的农户调研看，可能是受历史经验和农业现实的影响，农民对土地所有权以及基于其上的收益的期望目前是比较低的。但是，在现有的制度框架下，农户普遍表达出稳定土地承包经营权的愿望。大多数的农户不希望在土地确权结束后，按照人头对承包土地进行重新分配，占比为53.9%，希望重新分地的占30%，认为无所谓的占16.1%。2001年至2016年，美国农村发展研究所在17个省组织了五轮调查，随机选择1700多个村庄，询问受访农民是否支持在承包期内进行土地调整的中央政策，结果如表2所示。

表2 农民对现有制度下调整承包地的看法

	支持（%）	中立（%）	反对（%）
2001年	38.30	14.80	39.20
2005年	41.29	30.47	22.45
2008年	45.20	33.50	21.40
2010年	34.78	30.66	26.44
2016年	45.51	18.89	29.43

注：所有数据都来自Landesa。态度不明确的农民未计入调查结果。

5. 承包经营权稳定

尽管城市化的发展让越来越多的农村劳动力离开了土地，约15%的农户已经在城市购置了住房，但农民"离土离宅不离权"的心态非常普遍。中国发展研究基金会的调查显示，在回应举家迁往城市后承包地如何处理的问题时，农户给出的答案由高到低依次为"积极流转土地并获取收益"（35.2%）、"让亲戚朋友代管"（20.5%）、"有偿交回集体"（20.5%）、"无偿交回集体"（13.8%）、"一直占有土地不做处理"（13.0%）。可见，农民充分实现和行使其土地相关权益的意愿非常强。

6. 承包经营权继承

当进一步询问农户承包地继承问题时，71.7%的受访者认为落户城镇的子女应该享有继承权，有7.7%的村民对此抱无所谓的态度。即便二轮延包时村里调过地的农户，仍有接近70%认为应该由落户城镇的子女继承承包地。

7. 承包经营权抵押

调查还发现，尽管许多农户有贷款需求，但是受访的386家农户中，仅有22.8%的农户认为土地确权可以用作抵押贷款。

（二）村集体和经营户对农村土地的利用

从全国层面看，随着城市化和非农产业的快速发展，农村土地的流转规模也在快速扩大。2007年全国承包地流转面积约为6372万亩，占全国家庭承包经营面积的5.2%；到2014年底流转面积已经达到4.03亿亩，占家庭承包经营面积的30.4%，有约1/4的承包农户流转了土地。据农业部统计，截至2016年6月底，全国承包耕地流转面积达到4.6亿亩，超过承包耕地总面积的1/3；东部沿海地区更加活跃，流转比例已经超过1/2；全国经营耕地面积在50亩以上的规模经营农户超过350万户，经营耕地面积超过3.5亿亩，规模经营面积占比达到76%。

1. 小规模的非承包经营户

基金会课题组2016年的调查显示（绝大部分是小规模经营

户），农民流转土地主要考虑的是"家里劳动力多，多种地可以增加收入"（占50.6%）、"给亲戚朋友帮忙"（占26%），另有20.8%的农户希望"实行规模经营，创业致富"。但是，流入土地的农户中，43.5%的农户对上一年的农业经营收入不满意，在问及"打算如何提高土地经营效益"时，64.2%的土地流入户寄希望于政府出台新的优惠政策，农户对于通过扩大规模、降低成本和加大技术投入提升效益的积极性比较低。调查发现，78%的小规模流转是私下流转，没有正式的合同，多为短期、口头的约定，也没有在村里或者政府登记备案。

课题组利用"中国家庭收入调查2013年全国农村地区抽样数据"计算得到高、中、低收入的农户家庭户均的土地流转面积。表3中的数据显示，低收入农户家庭（家庭人均收入在所在县农村地区的后30%）户均流转面积为4.9亩；中等收入农户家庭（家庭人均收入在所在县农村地区的30%到70%）户均流转面积为5.1亩；而高收入农户家庭（家庭人均收入在所在县农村地区的前30%）户均流转面积为6.0亩。这表明农户的家庭收入和基于土地权利的土地流转高度相关。

表3 2013年参与土地流转的农户家庭户均流转土地面积估算：按家庭收入分组

农户家庭按人均收入分类	低收入农户 （当地的后30%）	中等收入农户 （当地的30%~70%）	高收入农户 （当地的前30%）
参与土地流转农户家庭在2013年的户均土地流转（包括转入和转出）面积（亩）	4.9	5.1	6.0

数据来源：基于中国家庭收入调查2013年全国农村地区抽样数据计算得到。

课题组分析了农户家庭外出打工与土地流转的关系。结果表明，外出打工的人口比例较低的家庭参与流转的土地平均为4.3亩；而外出打工的人口比例较高的家庭参与流转的土地平均为6.6亩（见表4）。这意味着，农民家庭外出打工的行为与土地流转的行为密切相关。进一步的分析表明,家庭过往的外出打工经历,对当年(2013 年)的土地流转行为有正面的影响。在 2013 年之前户主有外出打工经历的家庭中,有 18% 的家庭在 2013 年参与了土地流转;在 2013 年之前户主没有外出打工经历的家庭中,约有 14% 的家庭在 2013 年参与了土地流转。不仅如此,土地流转行为也会进一步推动家庭的打工行为,在 2013 年参与土地转出的农户家庭中,有 24% 的户主计划在 2014 年外出打工,而在 2013 年没有参与土地转出的农户家庭中,只有 20% 的户主计划在 2014 年外出打工。

表 4　2013 年参与土地流转的农户家庭户均流转土地面积估算:按家庭外出打工人口比例分组

农户家庭按外出打工人口占家庭总人口的比例分类	外出打工人口比例较低的农户(低于 2/3)	外出打工人口比例较高的农户(高于 2/3)
参与土地流转农户家庭在 2013 年的户均流转(包括转入和转出)土地面积(亩)	4.3	6.6

数据来源:基于中国家庭收入调查 2013 年全国农村地区抽样数据计算得到。

2. 大户和企业的土地流转(流入)

农业要走向专业化和产业化,适度的规模化势在必行,这就要求新型农业主体的进入。到 2016 年底,我国家庭农场、农民专业合作社、农业产业化龙头企业等新型农业经营主体蓬勃发展,总量达到 300 余万个,其中各类家庭农场 87.7 万家、农民合作社 179.4 万家、各类农业产业化组织 38.6 万个。

农业的产业化和规模化推动了土地的流转。美国农村发展研究所 2016 年的调查显示,把土地流转给大户和老板(公司)的情况已经相当普遍,有 39% 的调查村有此类情形,有 8% 的大户包地规模超过 500 亩,有 19% 的老板(公司)包地规模超过 500 亩。但是,调查中也发现,约有 35% 的"老板包地"出现了租地后将耕地转为非农用途或者将耕地撂荒的情况,有 23% 的"老板包地"

不涉及任何农业生产活动。

3. 村集体和乡镇政府的角色

美国农村发展研究所的调查显示，与"大户包地"相比，村集体和乡镇政府在"老板包地"时进行行政干预的情况更为普遍，有以下几种代表性情形。第一种情况是，农民先将土地流转给村或乡镇政府，再由后者将土地流转出去，26%的村庄在"大户包地"时有此情况，55%的村庄在"老板包地"时有此情况；第二种情况是经营户和村集体、乡镇政府一起找农民协商租地，分别有33%和51%的村庄在"大户包地"和"老板包地"时有此情况；第三种情形是村集体或乡镇政府未经协商将土地流转，分别有6%和13%的村庄在"大户包地"和"老板包地"时出现这种情况。

村集体和乡镇政府的介入，也影响了承包户与经营户的契约形式。美国农村发展研究所的调查显示，有1/4的农户没有签书面合同，不过大部分农民在土地流转时都签署了书面合同。在"大户包地"情况下近1/4（24%）的合同是由农民和村集体或乡镇政府签署的；在"老板包地"情况下，这个比例上升到40%。

（三）如何看待集体和政府的作用？

考虑到我国农村人多地少的国情，在现有制度下，耕地的碎片化是必然会出现的结果。要提高农业的专业化和产业化水平，提升农业人均产出效率和效益，需要走适度规模化道路，因此规模化农业和小农作业将长期并存。在人均承包耕地普遍只有1~2亩甚至更低的情况下，要实现50亩以上的规模经营（与国外的农场相比规模仍然远远偏小），就会涉及10~20户的农户家庭，如果要实现1000亩以上的规模经营，涉及的农户数将达到200~400户。在此情况下，依靠企业单独逐户和农户进行协商和谈判，周期漫长且不确定，成本将变得高昂。

从现实看，土地流转、配套公共服务和设施的提供、市场信息的提供、政府的支持都是不可或缺的，也离不开村集体的协调作用。此外，承包农户对土地的观念以及关于现代农业的知识技能，也需要政府、村集体和企业等外部力量的引领和推动。课题组在贵州的调研发现，该省六盘水市和遵义市的土地"三变"改革取得了不少积极的进展，[①] 如果没有村集体领导和政府的支持，这些变化是难以想象的。

但另一方面，课题组在调研中也发现，村集体以及政府在介入过程中，存在诸多不合理的现象。许多地方政府将农业规模化经营和培育新型农业主体作为一项重要政绩指标，因此在操作过程中存在急功冒进的现象，或者是违反农民意愿强制推动土地流转，或者是提供高额的补贴鼓励农民流转。我们在安徽某县的调研中发现，某村流转了 1000 亩土地给农业公司种植小麦，政府提供的补贴资金达到每年每亩 1000 元。短期看，农户似乎从土地流转中获得了超过自己种植的收入，但是从长远看种植小麦的收益有限，政府也不可能持续提供补贴，这一模式最终将无法持续。同样的情形在贵州、山东、河北的调研中都存在。

所以，问题的核心不在于政府和村集体是否介入农村土地的流转以及产业化经营，而在于介入的方式和行为的边界。而方式和边界是否合理，在很大程度上又取决于政府、集体、承包户和经营户围绕土地建立的治理机制是否完善。

三权分置的顺利实施，需要各方形成对土地权利和权能的清晰共识，并在法治的框架下，引导各方恪守行为的规则和边界，形成合力，共同发挥三权分置的潜在土地红利。在此过程中，向承包农户普及土地权利和规则，与要求政府、集体、经营户尊重

[①] 所谓"三变"，是指将农村的"资源变资产、资金变股金、农民变股东"。贵州省引导农民自愿以农村土地承包经营权、资金、技术等生产要素，入股合作社、农业企业等经营主体，实现农民变股东，分享产业链增值收益。与此同时，通过培育新型经营主体，吸引企业投资和社会资金，优化各方利益联结，形成股份合作、利益共享、风险分担的经营机制。"三变"改革，推动了生产要素聚集和优化，激活了农业农村发展潜能。

承包户土地权利并守法合规行动，具有同等重要性。

六 三权分置改革的外部条件

推进三权分置改革，除了明确政策目标、借鉴历史教训、厘清权利结构、规范认知行为之外，还需要一系列的制度支撑，其中十分关键的领域包括农村承包地确权登记颁证、农村"三块地"的衔接以及乡村治理体系的完善。以下分别进行讨论。

（一）承包地确权登记颁证

2009年以来，农村土地承包经营权确权登记颁证试点工作在全国范围内推开。2015~2016年，基金会课题组先后在河北、贵州、安徽、山东4个省份开展了典型调查，并对12个"整省推进"试点省份的65个村386户家庭开展了问卷调查。

总体来看，农村承包地确权登记颁证工作进展良好，进度符合预期。问卷调查显示，截至2016年1月底，12个"整省推行"省份的65个受访村中，有89%的村庄开展了确权工作，22.6%的村庄已经完成确权。

确权工作总体平稳有序。76.4%的受访农户表示确权中没遇到问题，农民所反映的问题主要集中在"确权面积和原登记面积有差异"（14.6%）、"耗费时间"（7.6%）和"影响邻里关系"（7.6%）等方面。

农民对政策的评价总体积极。近60%的受访农民认为确权颁证政策将带来多项实惠，农民认识到的好处主要集中在"可以放心增加土地投入"（占39.6%）、"不担心流转后土地收不回来"（占36.7%）、"可申请承包经营权抵押贷款"（占22.8%）等方面。此外，农民认为这项工作有助于"地界清晰、减少纠纷""征地谈判更有保障""土地收入增加"。也有少数农民误解为"确认土地所有权"。

调研中也发现，确权颁证尚未显示出对农村土地流转和承包经营权抵押贷款的显著影响。尽管地方政府和农户对确权颁证推动土地流转和承包经营权抵押贷款有较高的预期,但目前还未见显著的影响。已经发放的土地承包经营权抵押贷款主要是示范性的。

确权登记颁证工作的顺利推进主要得益于以下四个方面。第一,政府组织有力,规范先行,审慎推广。第二,允许各地结合实际情况进行模式创新,保留了政策弹性,减少了摩擦。在确权模式上,允许各地"确地""确股""确利"并行;在地块权利面积确认上,存在多种方式,包括"二轮延包面积为准加注实测面积""以实测面积为准""实测面积为准加注二轮延包面积"等。第三,较好地保障了农民的知情权和参与权。问卷调查显示,村民对确权工作的知晓率达到75.4%,其中79.5%的村民是通过村干部宣传得知。第四,发挥村集体的自治功能,调解试点过程中的矛盾纠纷。确权中遇到土地纠纷时,半数村民选择找村里解决,46.7%的村民选择什么也不做的消极方式,几乎没有走法律途径的。

从调研看,试点推进过程中,也存在一些不规范、不合理和滞后的环节。第一,实地指界和丈量的比例不高。问卷调查显示,39.6%的村庄未经村民指界或未实地丈量。第二,颁证不及时。在完成确权的村中仅45.2%的农户实际拿到确权证书。一些地方政府和村干部对发证心存顾虑,担心以后征地困难以及激化村内矛盾。第三,村民动员还有较大的提高空间。目前主要动员到村民代表这一层级,多数地区没有动员到户。村干部在政策普及中也存在草率和走过场的现象,分别有44%和36%的农民表示确权工作中最不令人满意的是"政策宣讲不够细致"和"参与感低",约10%的村民在测地、签字确认甚至发证时才知晓有相关政策。此外,还存在贫困地区确权经费保障困难等问题。

(二) 土地权利登记和交易体系

包括土地在内的不动产统一登记是市场经济的基础性制度。

2007年颁布实施的《物权法》明确要求实施不动产统一登记制度，但这一制度在很长时间未能建立，土地相关权利登记分散、职能交叉，制度运行成本高、衔接困难，阻碍了不动产交易市场的发展。

2014年11月《不动产登记暂行条例》以及随后《实施细则》的颁布，推动了不动产统一登记制度的落地。其规定，集体土地所有权、房屋等建筑物和构筑物所有权、森林和林木所有权、耕地承包经营权、林地承包经营权、草地承包经营权、建设用地使用权、宅基地使用权、海域使用权、地役权、抵押权等都属于不动产登记簿上记载的权利。据国土资源部统计，截至2015年底，我国335个市（地、州、盟）2789个县（市、区、旗）完成了不动产登记职责机构整合，占比分别达到100%和98%。

不动产登记的机构整合进展迅速，但在规章制度和流程以及软硬件的整合方面还相对滞后，基层的资金、人才和技术投入不足，在中西部贫困地区表现得尤为突出，妨碍了不动产登记体系的有效运行。

与不动产登记体系密切相关且十分重要的工作是建立土地产权交易平台。我国农村的土地产权交易市场在20世纪90年代就已出现，但第一个土地产权交易平台直到2008年才在四川成都建立，此后得以快速发展。2015年1月，国办印发《关于引导农村产权流转交易市场健康发展的意见》，要求以坚持和完善农村基本经营制度为前提、以保障农民和农村集体经济组织的财产权益为根本、以规范流转交易行为和完善服务功能为重点，扎实做好农村产权流转交易市场建设工作。截至2015年底，全国已有1231个县（市）17826个乡镇建立了多种形式的农村产权流转交易市场和服务平台。[①]

---

① 神州土地研究院：《农村产权交易市场建设概况》，http://www.tudi66.com/zixun/3239.html。

我国农村土地产权交易平台的快速发展，总体上促进了土地产权交易市场的发育。据统计，截至 2016 年 11 月底，武汉农交所组织农村产权交易 2888 宗，交易金额 170.78 亿元，涉及土地面积 123.84 万亩，惠及 17 万农户，抵押融资 31.72 亿元。成都农交所交易金额累计达到 500 亿元。2016 年初，北京农交所已累计成交农村产权交易项目 402 笔，成交金额 31.5 亿元，流转土地面积 11.37 万亩。

但当前土地产权交易平台的快速扩张主要是因为行政驱动，仍存在平台事企不分、各地的平台制度框架和标准不统一、许多二级和三级平台业务量少而空转的现象。

（三）农村多块地的制度衔接

1. "三块地"改革

2015 年，中办和国办联合印发《关于农村土地征收、集体经营性建设用地入市、宅基地制度改革试点工作的意见》，农村征地、经营性建设用地入市和宅基地改革三项土地制度改革在 33 个试点县推开（"三块地"改革）。试点内容包括：制定缩小征地范围的办法；赋予符合规划和用途管制的农村集体经营性建设用地出让、租赁、入股权能；依法保障农民宅基地权益，改革农民住宅用地取得方式，探索农民住房保障的新机制；等等。

中国发展研究基金会课题组 2016 年对 7 个省份的"三块地"改革试点进行了评估。[①] 评估发现，"三块地"改革中，集体经营性建设用地改革成效和进展最显著，贵州湄潭、浙江德清等地的集体经营性建设用地按招拍挂同权同价入市，显著地提高了村集体和农民个体的获得感，取得了多赢的效果，宜全面推广。征地改革在制度探索上取得了一定的进展，但各方操作都比较谨慎。农村宅基地有偿使用和退出试点也获得了一些制度和操作上的经验，但"一户多宅"和"住宅超标"等的退出面临现实阻碍，而

---

① 7 个省份为浙江、四川、山西、重庆、广东、江西、陕西。

且由于宅基地只能在集体经济组织成员内流转，试点成效相对有限。

2017年，十二届全国人大常委会第三十次会议决定，北京市大兴区等33个农村土地制度改革试点期限延长一年至2018年12月31日。此前确定的33个试点地区将对三项改革内容全覆盖，政府将出台一系列新的配套措施，包括研究制定与改革试点相匹配的确权登记颁证政策以及支持有条件的试点地区开展土地增值收益调节金转税费制度的研究和探索等。

2. "三块地"的确权登记颁证

承包地确权单兵突进，难以和其他改革产生协同效应，农村土地全面确权是趋势。目前，农村宅基地、集体建设用地、林地和其他公共用地权利的确认以及政策取向未明，制约优质生产要素回流农村，分开确权的成本也更高。

基金会课题组2015~2016年调研承包地确权登记颁证工作时发现，大部分县（市、区）主要围绕承包地的承包经营权开展确权登记颁证工作。在调研中，基层干部反映，单独确权的好处主要有几个方面：一是有利于聚焦主要目标，抓住农业生产中农地这一核心；二是相对容易操作，降低工作复杂性，不一次性将农村涉地矛盾都牵扯出来，以免影响农村稳定和基层工作的开展；三是受基层政府本身能力的限制，能够投入的人力有限，而且法律等方面的专业化人才支撑不足，所以不宜全面确权。

但承包地单独确权也存在不足。一是成本高昂。承包地确权成本中很大一部分是测绘成本，如果在农地确权时能够对宅基地、集体建设用地以及其他农村公共用地一同进行航拍和测绘，可以节省成本。二是从农村土地制度安排的长远考虑，对其他农村土地进行确权是大势所趋，晚确不如早确，未来农村经济发展了，确权所引起的矛盾会更尖锐。三是应动态考虑农村各种类型土地之间的转化，宅基地、耕地、林地、集体建设用地、农村其他公共用地的形态并非一成不变，如果不统一确权，会引发一些投机和违规的行为。四是从生产要素和资源整合的角度考虑，仅仅对承包地确权，而其他土地权利未确，不利于通过市场机制对城乡各要素进行优化配置，无法发挥优势要素的联动效应。譬如，承包地确权后，工商资本下乡可以较为放心地流转土地，但是因为其他土地权利未确，投资人不敢对其他必要的附属生产设施进行固定投资。

从实践来看，已经有一些地区开始在确权登记工作中尝试进行"多权同确"等富有创新性的探索，如贵州、安徽、山东、四川等省份的部分地区，将承包地确权工作与农田水利确权、基本农田划定、林地确权、宅基地确权等工作有机结合起来一并推进，达到了节约资金、提高效率、调动农民参与积极性等多重效益。

（四）现代乡村治理体系建设

我国改革开放后村民自治制度的建立，在很大程度上是对人民公社制度的一次"拨乱反正"。在古代，我国一直有"皇权不下县"的传统，县以下的乡村主要靠乡绅贤达治理，尽管国家政权在税赋和征兵上会深入基层，但县以下没有完整的政府建制。新中国成立后，在乡镇一级设立了政府，村一级普遍建立了党组织，国家强化了经济上和政治上对乡村的影响和动员，国家的意志和政策方针可以直达最基层的村庄，传统乡村朝现代化疾步前进，但乡村社会仍保持较高的自治状态。人民公社制度通过"一大二公"和政社合一，虽然在现代乡村治理体系上也有正面的构建，但压缩了乡村社会的自治空间，农村经济陷于停滞，带来了许多灾难性后果。

联产承包责任制瓦解了人民公社制度的经济基础，接近传统村庄的大队和村民组在乡村治理中的主体性和自由度得以恢复，乡村治理走上传统与现代良性融合、渐进改善的道路。从总体上看，改革开放以来的乡村治理成就巨大，带来了农村经济社会的全面进步，绝对贫困被普遍消除，农民生活水平提高，村庄公共服务水平也得到了显著的改善。

但是,乡村治理也面临诸多新的任务和挑战。当前,农村内部收入差距在持续扩大,相对贫困问题仍然突出,农村环境污染和生态退化严峻,人才和优质的资源要素流失严重,各项基本公共服务的质量和效率不高,这些都对农业和农村现代化构成挑战,迫切需要通过完善乡村治理体系来予以应对。大量的事实表明,在农村,特别是在贫困边远地区的农村,仅仅靠政府巨额的资金投入,往往无法有效和可持续地应对乡村存在的一系列挑战,必须发挥村集体组织的主体性,使之能够有效地传递和创造有利于本地持续发展的公共服务。

要使村集体组织在乡村治理以及公共服务供给中发挥作用,还面临两个挑战。挑战之一是集体在社区内部缺乏撬动农民加强协同合作的资源和机制,特别是在农业税取消以及政府在农村公共服务供给中的角色加强之后,集体与农民在经济层面的联系以及农民对社区的义务已经大幅度削弱了,这导致农村社区内部的凝聚力和行动力不足。挑战之二来自集体和治理模式本身。课题组在调研中发现,尽管农村选举制度日趋规范,村庄事务公开以及反腐"拍苍蝇"取得了积极进展,但是针对村委会以及集体经济组织的监督和问责机制还有待完善,部分村民不信任村干部,又缺乏和政府沟通协调以及寻求支持的能力,导致一些农村腐败和黑恶势力得不到有效遏制,社区内部的合作难以有效建立。

七 政策建议

综合以上分析和讨论,本文对推进农地三权分置提出以下建议。

第一,要在农业农村现代化的总目标下,理解六大目标背后的土地制度改革逻辑的一致性和冲突性,实现多目标平衡推进。农业兴旺、农民富裕、农村繁荣、粮食安全、环境良好、城乡融合这六大目标中，国家、集体、承包户、经营户四类主体在土地上的利益和权利主张各不相同，改革需要在多重目标和不同主体之间审慎权衡。

第二，理解农村土地制度改革的历史逻辑，珍惜历史制度遗产，借鉴历史经验和教训，使新阶段土地制度在国家现代化中发挥更大的支持作用。每个阶段的土地制度在国家现代化中都有一定的正面作用，也存在薄弱点。土地革命实现了耕者有其田，但无法从根本上改变传统小农生产方式；合作化和公社化促进了农村内部的互助合作，建设了农村公共服务和基础设施，支持了工业化，但扭曲了农村的激励机制，抑制了农民生产积极性和活力；两权分离的家庭联产承包责任制恢复了农民的生产积极性，但改革过程中集体的作用弱化，而且在城市化和工业化进程中面临人口流动加剧和加速老龄化的挑战。三权分置的改革必须在稳定和保护承包权的基础上，保护经营权，激活集体土地权利。

第三，进一步在法律上厘清国家、集体、承包户、经营户四类主体的权利内涵。下一阶段的三权分置改革，需要根据《土地管理法》进一步阐明国家在农村土地中的权利。在法律上要明确集体收回承包地的条件以及集体经济组织或村委会对回收承包地的权利；明确集体成员权资格条件；明确集体经济组织或村委会对集体建设用地、回收宅基地的权能以及授权程序；赋予集体在符合国家规划前提下的土地开发权，确保经营性集体建设用地与国有土地同权；明确承包权的期限，建议以70年为宜；明确承包权不可以抵押；明确经营权享有抵押、担保的权能。

第四，加大农村土地普法工作力度，纠正农民对集体所有权的认识误区。（1）明确农村土地归全体集体成员所有，集体组织成员依法享有承包权；（2）厘清承包经营权和经营权的权限；（3）普及农户转让经营权的程序；（4）普及国家关于土地利用总体规划、功能区规划、耕地保护、生态环境保护的法律、法规和政策；（5）明确集体公共用地和建设用地的权利，严格禁止集体组织成员或非成员的个人和单位侵占集体土地权利。

第五,加快落实农地确权登记颁证工作。确权登记颁证是农地三权分置工作的基础,当前的工作重点是:(1)针对各地存在的多种确权和登记模式,出台面向统一土地交易市场的法律解释和政策指引;(2)推广土地多权同确,明确国家、集体、个人(企业)的权利边界;(3)提高土地确权质量,重点处理好历史遗留问题;(4)开发和发放农民和农业经营主体的土地权利账户和土地卡,开发地权手机查询终端;(5)探索区块链技术在土地登记交易中的应用,克服土地登记操作成本高、登记积极性低、信息不透明等问题。

第六,加快推进农村"三块地"改革,扩大改革试点范围,加大改革力度。当前的重点是:(1)扩大经营性集体建设用地入市的试点范围,在试点成熟省份扩展为全省试点,选择更多省份开展试点工作;(2)参考城市国有用地土地使用权,将农村宅基地使用权期限确定为70年(70年后自动续期并缴纳合理的费用),探索将宅基地使用权部分抵押或转变为经营性集体建设用地,鼓励农村家庭住宅在宅基地使用年限内长租,扩大宅基地有偿退出试点范围;(3)扩大农用地征地改革试点,在33个试点县的基础上,选择部分条件成熟的省份开展全省试点。

第七,将发挥好集体作用作为农地三权分置改革的关键。在三权分置改革中,要发挥市场在资源配置中的决定性作用,同时也要更好地发挥政府和集体的作用。在新时期,发挥集体作用要吸取人民公社时期的教训,不以牺牲农民经营自主性为前提,在市场条件下,利用好集体资源的杠杆,为发挥农民生产经营自主性创造更好的平台和条件。在稳定耕地数量和粮食安全的前提下,要赋予集体在建设用地开发和经营上的自主权,同时完善政府和村民对集体经济组织管理层以及村委会的监督和问责机制,提高集体在农村基本公共服务传递和供给上的能力和水平,发挥集体在整合资源、推动乡村发展方面的能力。针对农村耕地的强制性保障功能，在满足生态环保要求以及耕地质量要求的前提下，积极推广耕地占补平衡，加快建立省级以及全国范围的土地（权利）市场，提高农村地区土地资源的价值和生产力。

中国发展研究基金会课题组

组　长：俞建拖

组　员：刘　阳、秦婷婷

执　笔：俞建拖

图书在版编目(CIP)数据

农村土地制度改革与基层治理/中国发展研究基金会编. -- 北京：社会科学文献出版社，2018.12
 ISBN 978 – 7 – 5201 – 3715 – 7

Ⅰ.①农… Ⅱ.①中… Ⅲ.①农村 – 土地制度 – 经济体制改革 – 研究 – 中国 Ⅳ.①F321.1

中国版本图书馆 CIP 数据核字(2018)第 240403 号

农村土地制度改革与基层治理

编　　者 / 中国发展研究基金会

出 版 人 / 谢寿光
项目统筹 / 佟英磊
责任编辑 / 佟英磊

出　　版 / 社会科学文献出版社·社会学出版中心(010)59367159
　　　　　　地址：北京市北三环中路甲 29 号院华龙大厦　邮编：100029
　　　　　　网址：www.ssap.com.cn
发　　行 / 市场营销中心（010）59367081　59367083
印　　装 / 三河市尚艺印装有限公司

规　　格 / 开　本：787mm×1092mm　1/16
　　　　　　印　张：13.5　字　数：182 千字
版　　次 / 2018 年 12 月第 1 版　2018 年 12 月第 1 次印刷
书　　号 / ISBN 978 – 7 – 5201 – 3715 – 7
定　　价 / 79.00 元

本书如有印装质量问题，请与读者服务中心（010 – 59367028）联系

▲ 版权所有 翻印必究